Kartoffel

COLLECTION
ROLF HEYNE

Kartoffel

Fotografie von Luzia **Ellert**
Rezepte und Foodstyling von Gabriele **Halper**
Text von Elisabeth **Ruckser**

COLLECTION ROLF HEYNE

Inhalt

Die bunte Welt der tollen Knolle

Sie mag's am liebsten karg, gedeiht in heißen Halbwüsten ebenso wie in frostigen Bergregionen, und in Europa war ihr Anbau einst eine fürstliche Angelegenheit. Sie existiert in der Vielzahl Tausender wilder wie kultivierter Sorten. Man schätzt, dass sie schon seit 13 000 Jahren auf der Erde weilt. Gesichert ist, dass sie bereits 8000 vor Christus als Kulturpflanze in den Andenregionen Südamerikas angebaut wurde: die Kartoffel. Heute wird sie als viertwichtigste Nahrungspflanze der Welt genannt, spielt in der Spitzengastronomie ebenso eine Hauptrolle wie in der Alltagsküche. In Europa schätzen wir sie seit Langem als fixen Bestandteil unserer lukullischen Tradition. Derzeit erlebt sie eine wahre Renaissance unter Genießern und Gourmets. Vorbei sind die düsteren Zeiten, in denen sie ihr Dasein hauptsächlich als Teil diverser Convenience- oder Tiefkühlprodukte fristete. Im Gegenteil: Kartoffelgerichte haben Hochkonjunktur, und begeistert entdecken Hobby- wie Sterneköche die alte/neue Geschmacksvielfalt wieder. Längst vergessene Sorten werden aufs Neue angebaut, tauchen auf Wochenmärkten und selbst in Supermarktregalen auf. Bartina, Blaue Elise oder Leyla bereichern das Erscheinungsbild des Warenangebots in Rosa, Violett oder klassisch Gelb. Und die steigende Nachfrage macht sich bemerkbar. Selbst große Handelsriesen wie der britische Konzern Marks & Spencer oder Rewe International entdecken die bunte Kartoffelvielfalt für sich und ordern Bamberger Hörnchen, Ciclamen oder Violetta.

Der jahrtausendealte Erdapfel bietet aber noch mehr neue Geschichten: Als etwa in Deutschland die beliebte Sorte Linda wegen des Ablaufes des Sortenschutzes 2005 vom Markt genommen werden sollte, kochten die Emotionen hoch. Es erhob sich ein Sturm der Entrüstung, Prominente wie Politiker bekannten sich als Fans der klassischen Knolle, Medien berichteten landauf landab, und in einem langwierigen Rechtsstreit konnte von der Vereinigung »Rettet Linda« schlussendlich erreicht werden, dass das Bundessortenamt die Linda wieder zuließ. Die beliebte Kartoffel darf heute überall in Europa angebaut werden.

Es herrscht also große Nachfrage nach den »tollen Knollen«, man diskutiert wieder über mehligkochende Sorten oder präferiert doch lieber festkochende, gräbt Großmutters Rezepte für Kartoffelteig aus oder begeistert sich an einfallsreichen Kreationen zeitgenössischer Küchenmeister. Und mit ein wenig Geschick lässt sie sich sogar im eigenen Garten anbauen – so entsteht dann das optimale, wahrhaft biologische Grundprodukt für die perfekte Kartoffelküche.

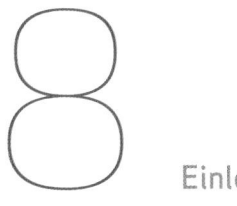

Wie alles begann …

Kartoffeln erlangten über die Jahrhunderte hinweg große wirtschaftliche, soziale wie kulturelle Bedeutung. Lange vor Kolumbus war die dunkle Knolle mit dem hellen Fleisch Volksnahrungsmittel in halb Südamerika – noch heute heißt die Kartoffelpflanze in Peru »planta nacional«. Die Zeit wurde etwa daran gemessen, wie lange Kartoffeln gekocht werden mussten, bis sie weich waren. Oder das verwendete Flächenmaß berechnete sich aus einem Feld, das groß genug war, um eine Familie ein Jahr mit Kartoffeln zu versorgen. Sie galt als Symbol der Fruchtbarkeit, die Kartoffelgöttin Axomama war für Fortpflanzung und ertragreiche Ernte zuständig. Die Inkas verwendeten die Kartoffel als Medizin bei Verletzungen und waren überzeugt, dass ihr Genuss die Geburtsschmerzen erleichtere. (Was übrigens so manche Hebamme heute durchaus bestätigen wird – und die Kartoffel ist unter anderem dank ihrer entwässernden Wirkung ein wahres Wundermittel für Schwangere.)

Die Kartoffel, botanische Bezeichnung Solanum tuberosum, begann ihren weltweiten Siegeszug nahe des südamerikanischen Titicacasees, von einem Gebiet, das sich entlang der heutigen Grenze zwischen Peru und Bolivien erstreckt. Als die ersten Einwanderer dorthin kamen, wollten ihre landwirtschaftlichen Produkte wie Mais oder Quinoa, welche sie üblicherweise angebaut hatten, vermutlich nicht so recht gedeihen. Durchaus nicht verwunderlich – immerhin liegt die Anden-Hochebene auf fast 4000 Metern Meereshöhe. Also wurden Wildsorten der Kartoffel kultiviert, die schnell die Lebensgrundlage der Bevölkerung bildeten.

Bereits vor 10 000 Jahren wurden im Andengebiet die sogenannten »Chuño« hergestellt – gefriergetrocknete Kartoffeln. Dafür wurden die Knollen nach der Ernte auf den Feldern ausgebreitet und dem harschen Nachtfrost ausgesetzt. Sobald die Morgensonne sie wieder auftaute, stampfte man mit den Füßen das Wasser aus den Knollen. Die Feuchtigkeit verdunstete durch die relativ hohen Temperaturen im Laufe des Tages. So konnten die Kartoffeln über mehrere Tage hinweg vollständig gefriergetrocknet werden, blieben jahrelang haltbar und fungierten sowohl als Reserve für Notzeiten als auch als wichtiges Handelsprodukt. Die Herstellung von Chuño hat sich übrigens bis heute nicht wesentlich verändert; die ältesten Funde der Knollenreste dieses Gerichts stammen laut Radiokohlenstoffdatierung von 8000 vor Christus.

Die Eroberer und die Erd-»Nuss«

In Europa mussten wir noch einige Jahrhunderte warten, bis die Spanier die Kartoffel im 16. Jahrhundert – ähnlich wie Tomate, Mais oder Kakao – von ihren Raubzügen aus Südamerika mitbrachten. Der Chronist Pedro de Cieza de León etwa beschrieb die neuartige Knolle im Jahr 1537 als schmackhafte Erd-»Nuss« und verglich sie mit Trüffeln. Wann und wie sie ganz genau bei uns in Europa landete, ist nicht eindeutig geklärt. Man geht davon aus, dass sie über mehrere Kanäle nach Spanien und England gelangte, und zwar mehr oder weniger zur gleichen Zeit. Vom englischen Piraten Francis Drake etwa heißt es, dass er Kartoffelpflanzen von einer seiner Fahrten mit nach Hause brachte, die er seinen Gärtner anpflanzen hieß. Der hatte damit allerdings keine rechte Freude, weil er die oberirdischen Früchte der Kartoffel, die in der Tat giftig sind, für unverwertbar hielt. Drake soll zu seinem Gärtner gesagt haben, dass die Pflanze dann lieber ausgegraben werde, bevor sie mit ihren Wurzeln den ganzen Garten verderbe, woraufhin der erstaunte Gärtner erst die unterirdischen Kartoffelknollen entdeckte.

Wie auch immer die Kartoffel genau ihren Weg nach Europa gefunden hat, jedenfalls ist sie 1573 im Einkaufsbuch des Hospitals von Sevilla zu finden. Offenbar galt sie damals schon als gute Genesungskost. (Auch der spanische König Philipp II. schickte dem erkrankten Papst Pius IV. übrigens Kartoffeln als ganz spezielles Geschenk nach Rom.) Im Allgemeinen jedoch waren Königshäuser damals weithin die einzigen Besitzer der neuartigen Pflanze, und die Hofbotaniker hatten ihre helle Freude an der Erforschung der unbekannten Knollenpflanze. So auch der legendäre Carolus Clusius, seines Zeichens führender Wissenschaftler Ende des 16. Jahrhunderts und Hofbotaniker in Wien. Er war es auch, der im Jahr 1601 die erste wissenschaftliche Beschreibung der Kartoffel verfasste. Clusius zog die Pflanzen allerdings noch aus den Samen und nannte sie »Papas Peruanorum«. Österreich beziehungsweise der österreichische Hof gehörte damit zu den ersten europäischen Ländern, die sich mit dem neuen Gewächs anfreundeten. Ein erstes deutschsprachiges Kartoffelrezept des »churfürstlich Meintzischen Mundtkochs« ist denn auch schon von 1581 überliefert, wie die Historikerin Ingrid Haslinger in ihrem Buch »Es möge Erdäpfel regnen – eine Kulturgeschichte der Kartoffel« schreibt:

> Erdepffel: schel und schneidt sie klein/quell sie in Wasser/unnd druck es wol auß durch ein Härin Tuch/ hack sie klein/und röst sie in Speck/der klein geschnitten ist/nim ein wenig Milch darunter/ und laß damit sieden/so wirt es gut und wolgeschmack.

Haslinger betont auch, dass der in Österreich sowie in Teilen Deutschlands und der Schweiz gebrauchte Ausdruck »Erdäpfel« wie auch das französische »pommes de terre« die passendere Bezeichnung der Pflanze sei. Und ist mit dieser Meinung in Fachkreisen durchaus nicht allein: Immerhin wachsen sie unter der »Erd«, das Wort »Kartoffel« dagegen leitet sich von Trüffel ab – und mit denen haben diese Pflanzen ja nun nicht viel gemein.

Die Skepsis dem neuen Gewächs gegenüber war im Europa des 16. Jahrhunderts trotz Interesse der Botaniker und Wissenschaftler anfänglich sehr groß. Man sagte ihm alles Mögliche und wenig Erfreuliches nach, so sollte es sogar Pest oder Lepra verursachen. Ganz anders erging es der ursprünglich ebenfalls in Südamerika beheimateten Süßkartoffel, die bereits ein Jahr nach der Landung von Christoph Kolumbus in der Neuen Welt in Spanien allseits bekannt und beliebt war. Sie galt als regelrechte Delikatesse und gehörte bald zum fixen Bestandteil von Schiffsproviant. Die Kartoffel dagegen konnte geschmacklich nicht vom Fleck weg überzeugen; sicher auch deshalb, weil die angebauten Sorten noch nicht an die neuen landwirtschaftlichen Gegebenheiten angepasst waren. Unter den sogenannten Langtagbedingungen reiften sie sehr spät, sodass sie einen sehr hohen Solaningehalt aufwiesen und somit zumindest teilweise nicht gut schmeckten . Auch die Kirche verteufelte die Kartoffeln, schätzte sie wegen ihrer angeblich aphrodisierenden Wirkung ganz und gar nicht. Kurz: Die Masse der Europäer konnte lange Zeit nicht viel mit der »spröden« Kartoffel anfangen, auch wenn diese die botanischen Gärten der Königshäuser zierte und zuweilen auch als exotisches Gericht auf einer fürstlichen Tafel auftauchte.

Der Kampf gegen den Hunger

Die Zeit der intensiven Verbreitung in Europa begann, als den Regierungen klar wurde, dass sich vergleichs-weise viele Menschen mithilfe der neuen Pflanze ernähren ließen – im Anbauvergleich benötigt die Kartoffel nämlich weniger Ackerland als Getreide, und der Ertrag kann mehr Menschen sättigen. Im Laufe des 17. und 18. Jahrhunderts setzte sich die Kartoffel schließlich rasant in ganz Europa durch: In Irland war dank des Kartoffelanbaus die Zeit der ständigen Hungersnöte (bis zur Kartoffelfäule von 1845) endlich vorbei, der russische Zar Peter der Große verordnete den Anbau von Kartoffeln, um genug Nahrung für seine Heerschar von Soldaten zu haben. Selbst der unglückliche letzte König Frankreichs, Ludwig XVI., schmückte sich eines Abends samt Gattin Marie Antoinette mit verschiedenfarbigen Kartoffelblüten, um die Pflanze in seiner Hei-mat bekannter zu machen. Marie Antoinettes Mutter, die österreichische Kaiserin Maria Theresia, verfügte 1767 den versuchsweisen Anbau der Erdäpfel im Waldviertel, nahe der Grenze zum damaligen Böhmen. Der preußische König Friedrich Wilhelm I. schließlich wollte den Kartoffelanbau in seinem Land um jeden Preis durchsetzen – er drohte, all denjenigen Nase und Ohren abschneiden zu lassen, die sich weigerten, Kartof-feln anzupflanzen.

»Der Erfolg der Hungerbekämpfung in Europa lag nicht am kolonialen Handel und an der kolonialen Plünderung, sondern an der Einfuhr der Kartoffel«, schreibt dazu etwa auch der deutsche Nahrungsmittel-soziologe Salim Ali anlässlich eines Artikels über den Welthunger im Finanzmagazin »Handelsblatt«. Der Wissenschaftler ist des Weiteren in hohem Maße überzeugt, dass dieses Rezept heute ebenfalls sehr gut funktionieren würde. Und ein aktueller Bericht der Welt-Ökologie-Stiftung kommt gar zu dem Schluss, dass angesichts der Klimaveränderung bis zum Jahr 2020 Getreide und Reis knapp werden und dass wir dadurch gezwungen sein werden, vermehrt Kartoffeln und andere Wurzelgemüse anzubauen.

Die Kartoffel heute

Weltweit werden derzeit über 300 Millionen Tonnen Kartoffeln geerntet (2009: 329 Millionen Tonnen); die Kartoffel gehört zweifelsohne zu den Grundnahrungsmitteln der Menschheit. Und das zu Recht, denn sie enthält wichtige Inhaltsstoffe – so decken etwa drei mittelgroße Kartoffeln bereits den halben Tagesbedarf des Körpers an Vitamin C –, sie liefert jede Menge wertvolle Stärke und enthält sogar mehr Kalium als Bananen. Allerdings ist die internationale Kartoffelproduktion in Relation zur Weltbevölkerung vergleichsweise niedrig und der Verbrauch sinkend. Experten beklagen zudem den Verlust der Vielfalt. Weltweit gibt es zwar einige tausend verschiedene Sorten, aber nur ein kleiner Teil davon wird auch regelmäßig angepflanzt.

Führend auf dem Gebiet der Erhaltung der Artenvielfalt ist das internationale Kartoffelzentrum in Peru (CIP). Es verfügt über die größte genetische Kartoffeldatenbank der Welt, die rund 4000 Sorten umfasst. Das CIP verschreibt sich der »genetischen Vielfalt, diese reichhaltige Anordnung kleiner Konstruktionsteile, die es möglich macht, dass Kartoffeln unter dem Meeresniveau hinter den Deichen Hollands ebenso gedeihen wie auf einem stürmischen Felsvorsprung im Himalaya; diese Pflanze ist eine gefährdete Art, aufs Spiel gesetzt von moderner Landwirtschaft …«, wie es dazu auf der Internetseite der Organisation heißt. Aber nur genetische Vielfalt könne sicherstellen, dass auch in Zukunft mit einer großen Auswahl an Chromosomenmaterial gearbeitet werden könne, um neue Sorten für neue Ansprüche zu entwickeln.

Die Entwicklung einer neuen Kartoffelsorte ist jedoch, ebenso wie Erhaltungszucht und kommerzielle Saatgutproduktion, eine äußerst aufwändige Angelegenheit. Der Knackpunkt – nicht zuletzt in puncto Erhaltung alter Erdapfelsorten – ist die Herstellung des Saatgutes in großem Stil. Kartoffeln werden nämlich nicht mittels ihrer Samen (generativ) vermehrt, sondern vegetativ. Die Knollen werden dazu in die Erde gesetzt, auf dass sie neue Knollen bilden. Kartoffelliebhaber und Hobbygärtner können das Saatmaterial für die nächste Saison so ebenfalls aus der eigenen Ernte herstellen, aber im Rahmen der kommerziellen Nutzung braucht es dazu eine ausgeklügelte Technik: Saaterdäpfel alter wie neuer Sorten nehmen heute ihren vegetativen Ursprung unter keimfreien Bedingungen im Labor, wo Zellen einer Pflanze aufwändig isoliert werden und anschließend zu Miniknollen, groß wie ein Daumennagel, heranwachsen. Unter Glashausbedingungen schließlich wird dieses Pflänzchen weiter gehegt und gepflegt, um dann als »minituber« für den Feldanbau oder den Garten geeignet zu sein. Bei einem Produkt, das zu fast 80 Prozent aus Wasser besteht, ist das eine besonders heikle Angelegenheit. Keine Blattlaus darf während dieser Phase stören und schon gar kein Virus. Neue Sorten werden demnach zwar laufend produziert, doch im Schnitt schafft es von rund tausend neuen Kreuzungen eine einzige Sorte auch auf den Markt. Alles in allem ein Prozess, der gut und gern rund zehn bis

15 Jahre Entwicklungsarbeit bedeutet, aufwändig und nicht zuletzt teuer ist. Daher sind Neuentwicklungen auch mit einem dreißig Jahre andauernden Sortenschutz belegt – eine Art Patentrecht auf Pflanzen.

Unternehmen, die solche Saatgutproduktion in großem Stil betreiben, setzen daher in erster Linie auf wirtschaftlich interessante Sorten – alte Raritäten sind das mehrheitlich nicht, denn sie sind in der Regel nicht so ertragreich. Umso erfreulicher erscheint die Entwicklung, die in den letzten Jahren etwa in Großbritannien oder Österreich und auch Deutschland stattgefunden hat: Lebensmitteleinzelhandelsketten werden da quasi zu Paten einer neuen Vielfalt, schmücken sich wie einst die Königshäuser mit den seltenen beziehungsweise selten gewordenen Kartoffeln – und natürlich mit der Garantie der Bioqualität. Unter anderem mit diesem Verkaufsargument sorgen die Hersteller für die entsprechende Nachfrage.

Aber auch die Gentechnikindustrie wirft begehrliche Blicke auf die Kartoffel, nicht zuletzt deshalb, weil sich die Pflanzenzelle »in vitro« besonders gut verhält. Man versucht zur Zeit, Frostresistenzen anderer Pflanzen (etwa die vom Schneeglöckchen) auf die Knolle zu übertragen oder ihren Stärkegehalt genetisch zu verändern. Letzteres dient allerdings nicht der Saatgutoptimierung für die Nahrungsmittel-, sondern für die Papierindustrie. So wurde im März 2010 erstmals der Anbau einer gentechnisch veränderten Stärkekartoffel in der EU zugelassen. »Amflora«, entwickelt vom Chemiekonzern BASF, soll in der Papiererzeugung zum Einsatz gelangen und durch die spezielle Stärkezusammensetzung wesentlich wirtschaftlicher einsetzbar sein als »normale« Kartoffeln. Heftig kritisiert wurde in diesem Zusammenhang vor allem ein eingebautes Markergen, welches eine Resistenz gegen ein weit verbreitetes Antibiotikum vermittelt. Nichtsdestotrotz darf diese Kartoffelsorte nun in der EU angebaut, als Futtermittel verwendet und bis zu einer Ratio von 0,9 Prozent mit konventionellen Kartoffeln vermischt werden. Ungarn hat gegen diesen Rechtsstand Klage beim Europäischen Gerichtshof eingebracht, Luxemburg und Österreich haben sich angeschlossen. Mittlerweile gibt es jedoch auch konventionell produzierte Kartoffelsorten, die vergleichbare für die Papierherstellung geeignete Ertragseigenschaften wie Amflora haben, etwa Henriette oder Eliane.

Kartoffel kulinarisch

In der Küche haben wir es bei der Kartoffel mit einem wahren Allroundtalent zu tun: Ob süß, scharf oder pikant, der Erdapfel ist auch noch sehr gesund. Kartoffeln sind reich an komplexen Kohlenhydraten, hochwertigem Eiweiß, Ballaststoffen, Vitaminen – besonders Vitamin C – und Mineralstoffen. Und sie gehören zweifellos zur leichten Küche, 100 Gramm Kartoffeln fallen gerade einmal mit 70 Kilokalorien ins Gewicht.

Üblicherweise unterscheidet man festkochende, vorwiegend festkochende und mehligkochende Sorten, in Österreich ist auch die Bezeichnung »speckig« für »festkochend« geläufig. Bioprodukte – für immer mehr Züchter und Landwirte ist die ökologische Arbeitsweise heute ohnehin bereits unverzichtbare Basis – erfreuen sich auch in diesem Markt wachsender Beliebtheit.

Die Kocheigenschaften der einzelnen Kartoffeln variieren je nach Sorte, Anbauregion, Umwelteinflüssen oder Lagerdauer. Auch geschmacklich unterscheiden sich etwa frühe oder späte Sorten, und die ersten heimischen Frühkartoffeln im Sommer sind ein ganz anderes Erlebnis für den Gaumen als etwa die gehaltvollen Lagerkartoffeln, die winters zur feinen Erdäpfelsuppe werden. Da hilft nur eines: durchkosten und der Nase nach entscheiden!

Für süße Gerichte (z. B. Teige) und Pürees empfiehlt Rezeptautorin Gabriele Halper unbedingt mehlige Sorten, die nach dem Kochen quasi selbstständig zerfallen. Physikalisch betrachtet werden beim Kochen respektive bei Temperaturen über 65 Grad Celsius die Zellwände der Kartoffel zerstört. Mehligkochende Kartoffeln haben nicht so stabile Zellwände, daher zerfallen sie leichter. Wird auch noch mechanisch »nachgeholfen«, zerbrechen die Zellen ganz, und die darin enthaltene Stärke sowie Klebereiweiß werden freigesetzt. Für ein möglichst flaumiges Püree sollte man jedoch nicht zu sehr nachhelfen – und den Kartoffeln auf keinen Fall mit dem Pürierstab zu Leibe rücken. Die Konsistenz von Püree bleibt nur dann optimal leicht und flockig, wenn nur fünf Prozent der Zellen zerstört werden, errechnete der kulinarische Physiker Werner Gruber. Wird diese Zahl wesentlich überschritten, wird zu viel Klebereiweiß freigesetzt, und das Püree eignet sich bestenfalls noch zum Kleistern.

Ein Tipp, wenn Sie Kartoffelteig herstellen: die gekochten Erdäpfel immer trocken weiterverarbeiten. Am besten geben Sie die Kartoffeln nach dem Abschütten des Kochwassers im noch heißen Topf oder auf dem Backblech in den niedrig temperierten Backofen, damit sie dort in Ruhe (das kann bis zu einer Stunde dauern) ausdampfen können. In einigen Rezepten werden auch »gekochte Kartoffeln vom Vortag« empfohlen – verwendet man diese, so ergibt sich eine andere, etwas festere Teigkonsistenz. Das ist etwa für die Herstellung von Gnocchi ideal, da die Kartoffelnockerln dadurch mehr Biss erhalten.

Generell sollten Kartoffeln möglichst immer mit der Schale gekocht (und wenn möglich, auch damit verzehrt) werden. Und sie lieben Salz – daher immer schon das Kochwasser ausreichend damit anreichern. Nachträglich hinzugegeben ist das Geschmacksergebnis nicht dasselbe!

Als Alternative zum »normalen« Kartoffelkochen empfiehlt Köchin Gabriele Halper in Salz gebackene Erdäpfel: Dazu grobkörniges Meersalz etwa 1 cm hoch auf ein Backblech streuen, die rohen Kartoffeln in der Schale darauflegen und im Ofen backen, bis sie weich sind. Das ergibt einerseits eine wunderbare Beilage, die in Salz gebackenen Knollen können andererseits auch sehr gut als feine Basis zur weiteren Verarbeitung verwendet werden.

Gelagert werden Kartoffeln am besten bei 4 Grad Celsius – ist es wärmer, treiben sie aus, ist es kälter, wandelt sich die Kartoffelstärke in Zucker, und die Knollen schmecken süßlich. Die Lagerung sollte nach Sorten getrennt in trockenen, abgedeckten Behältern erfolgen. Kartoffeln sollten vor der Lagerung auch nicht gewaschen, sondern nur trocken gebürstet werden, da sie die dünne Erdschicht ebenfalls länger haltbar macht. Als Faustregel für die Lagerung gilt generell: dunkel, trocken und kühl. Fällt zu viel Licht auf die Knollen, entstehen die bekannten grünen Flecken (hier konzentriert sich das giftige Solanin); diese Teile der Kartoffel sollten auf keinen Fall verzehrt werden. Sollten sich trotz optimaler Lagerung Keime gebildet haben, diese erst kurz vor der Zubereitung entfernen.

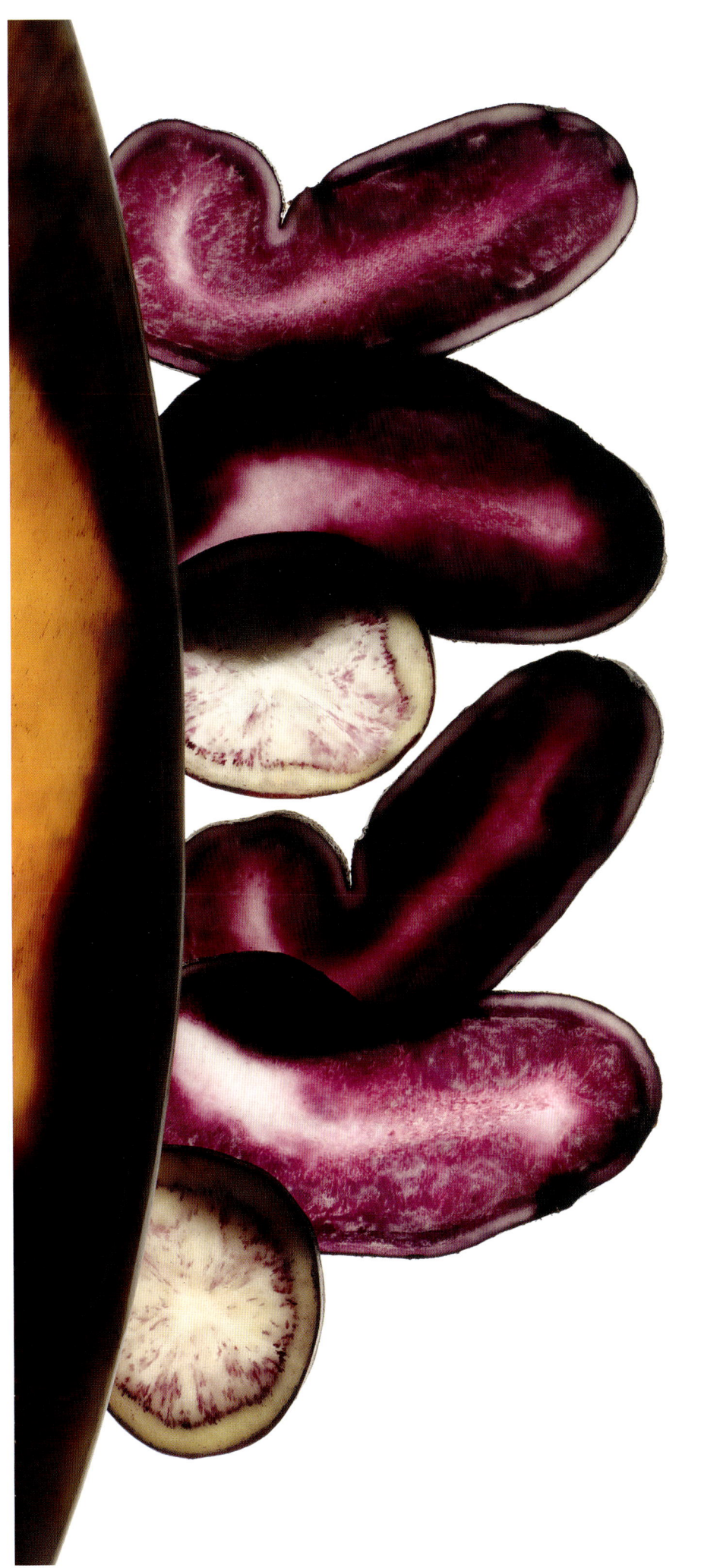

Alte Sorten neu entdeckt – ein Erfolgs-bericht von der Wiege der Erdäpfel

Die österreichische Region Waldviertel gilt als europäische Wiege der Kartoffeln oder, wie sie hier genannt werden, der Erdäpfel. Bereits Maria Theresia von Österreich ließ die Gemüseknolle im Nordwesten Österreichs anbauen, und bis heute erweisen sich Boden und Klima als gute neue Heimat für die »Migranten«. »Karg und mineralstoffreich, das mögen die Erdäpfel«, erklärt Herbert Frantes, treibende Kraft hinter dem regionalen Erfolgsprojekt der Waldviertler Erpfi-Bauern. Bereits im Jahr 2004 begann man in dieser Region wieder verstärkt auf den Anbau alter, traditioneller Sorten zu setzen. Ursprünglich mit dem Hintergedanken, die touristische Sommersaison ein wenig in den Herbst hinein zu verlängern, begannen einige Landwirte – selbstverständlich in Bioqualität – mit dem Anbau von Rosa Tannenzapfen, Impala, Linzer Delikatess, Mandelkartoffel oder Shetland Black und Mehlige Mühlviertler. Und mit großem Erfolg: Heute sind zahlreiche Bauern und Wirte an der Erpfi-Region Lainsitztal beteiligt, 45 Sorten werden derzeit angebaut. Prominente österreichische Köche haben sich als Testimonials zur Verfügung gestellt, und beliefert werden Spitzengastronomen im In- und Ausland: So zählt etwa »Koch des Jahrzehnts« Helmut Österreicher zur Top-Kundschaft, ebenso die Residenz Heinz Winkler in Aschau oder das Hotel Imperial in Wien sowie der Bayerische Hof in München. »Die Aufbauarbeit war mehr als mühsam«, meint Frantes, der übrigens seine wunderschönen Kartoffeln aus der Erpfi-Region für die Produktion dieses Buches beigesteuert hat. Derzeit sind besonders die bunten Sorten gefragt, wie Blaue Elise oder Rote Emma. Und die Fangemeinde ist bereits so groß, dass so mancher auch daheim ans »Erdäpfel-Legen«, wie das Pflanzen korrekt heißt, denkt. Frantes: »Einer unserer Kunden ist ein Spitzenbanker, und er baut daheim auf 30 Quadratmetern seine eigenen Kartoffeln an.« Ein durchaus krisensicheres Vorhaben, könnte man sagen …

Tipps für den Anbau im eigenen Garten

Angeblich ist's ja einfacher, als Tomaten zu ziehen … Man nehme: Biokartoffeln aus dem Handel und ein wenig Erde. Am besten eignet sich leicht sandiger Boden, mit viel Kompost versetzt. Besorgen Sie auf jeden Fall Bioerdäpfel, denn andere Kartoffeln werden mit dem Mittel Chlorpropham begast, einem Herbizid, das die Keimung hemmt und darüber hinaus als gesundheitsschädlich für den Menschen gilt.

Die Knolle in einem kleinen Erdhügel versenken. Pflanzzeit ist je nach Klima von April bis Anfang Mai, ganz exakt sollte man warten, bis die Bodentemperatur nicht mehr unter 8 Grad Celsius fällt. Zirka sechs Wochen später zeigen sich erste Triebe, in der Zwischenzeit den Boden ein bisschen auflockern, denn die Kartoffel mag es luftig. Sogar auf dem Balkon, in einem großen Kübel und maximal zu zweit, kann die Knolle gedeihen. Sie benötigt nur an sehr trockenen Standorten zusätzliches Gießwasser.

Jetzt können den feinen Knollen eigentlich nur mehr zwei Dinge richtig gefährlich werden: der Kartoffelkäfer und die Krautfäule. Letztere droht eher an Standorten, die sehr feucht sind, und kann mittels Brennesseljauche bekämpft werden. Und ersterer wird schlicht und einfach am besten per Hand entfernt. Oder, wie es der Experte formuliert: »Runterklauben und ins andere Eck vom Garten werfen.«

Spinat-Kartoffel-»Wuzel« mit Salbeibutter

Zutaten für 4 Personen

250 g mehligkochende Kartoffeln (z. B. Hermes, Bintje oder Agria)

150 g Blattspinat (TK-Produkt), blanchiert

250 g Topfen (Quark, 40 % Fettgehalt)

2 Eier

2 Eigelb

80 g fein geriebener Parmesan

250 g Weizenmehl (Type 405)

Salz

Weizenmehl zum Ausarbeiten

80 g Butter

10 Salbeiblätter

60 g frisch geriebener Parmesan zum Bestreuen

grober Pfeffer zum Bestreuen

Zubereitungszeit: ca. 50 Minuten

1 Die Kartoffeln gründlich waschen, in einen Topf geben, mit Wasser bedecken und salzen. Das Wasser zum Kochen bringen und die Kartoffeln darin weich kochen. Die weichen Kartoffeln durch ein Sieb schütten, gut abtropfen lassen, schälen und noch heiß durch die Kartoffelpresse drücken. Die Kartoffelmasse abkühlen lassen.

2 Den blanchierten und aufgetauten Spinat gut ausdrücken, dann die Blätter fein hacken oder mit dem Pürierstab pürieren.

3 Die Kartoffelmasse mit dem Spinat, dem Topfen, den Eiern, den Eigelben, dem frisch geriebenen Parmesan und dem Mehl in eine große Schüssel geben, salzen und rasch zu einem Teig verkneten.

4 Den Teig auf eine bemehlte Arbeitsfläche geben, mit einem Teigschaber kleine Portionen davon abtrennen und diese mit bemehlten Händen zu etwa 4 cm langen und 1 cm dicken Nudeln mit spitzen Enden (»Wuzel«) formen.

5 Etwa 3 l Wasser in einem großen Topf zum Kochen bringen, dann salzen. Die »gewuzelten« Nudeln nacheinander in das Wasser geben und einmal aufkochen. Die Hitze reduzieren und die Nudeln 5–6 Minuten ziehen lassen.

6 Die Butter in einem kleinen Topf zerlassen und die Salbeiblätter darin knusprig braten.

7 Die Nudeln mit dem Schaumlöffel aus dem Topf nehmen und gut abtropfen lassen, dann auf 4 tiefen Tellern anrichten, mit der Salbeibutter übergießen und nach Belieben mit frisch geriebenem Parmesan und grobem Pfeffer bestreuen.

Gnocchi Barbabietola

Zutaten für 4 Personen

1 kg mehligkochende
Kartoffeln (z. B. Bintje,
Hermes oder Agria)

250 ml Rote-Bete-Saft

120 g Topfen
(Quark, 20 % Fettgehalt)

2 EL Hartweizengrieß

1 Ei

Salz

frisch gemahlener
schwarzer Pfeffer

etwas frisch
geriebene Muskatnuss

180 g Weizenmehl
(Type 405 oder 550)

60 g Butter

60 g frisch geriebener
Parmesan zum Bestreuen

Zubereitungszeit: 1 Stunde, Ruhezeit: 1 Stunde

1 Die Kartoffeln gründlich waschen, in einen Topf geben,
mit Wasser bedecken und salzen. Das Wasser zum Kochen
bringen und die Kartoffeln darin weich kochen. Die weichen
Kartoffeln durch ein Sieb schütten, gut abtropfen lassen,
schälen und noch heiß durch die Kartoffelpresse drücken.
Die Kartoffelmasse abkühlen lassen.

2 Den Rote-Bete-Saft in einen kleinen Topf geben und bei
mittlerer Hitze auf 100 ml reduzieren, dann abkühlen lassen.

3 Die Kartoffelmasse mit der Rote-Bete-Reduktion, dem
Topfen, dem Weizengrieß und dem Ei in eine Schüssel geben
und locker vermengen. Den Kartoffelteig mit Salz, Pfeffer
und Muskat abschmecken, dann das Mehl zugeben und alles
rasch zu einem glatten Teig verkneten.

4 Den Kartoffelteig zu einer 5 cm dicken Rolle formen, diese in
1 cm dicke Scheiben schneiden. Jede Scheibe zu einem ovalen Nockerl formen. Die Gnocchi über einen leicht bemehlten
Gabelrücken drücken, damit die typischen »Gnocchirillen«
entstehen.

5   Die Gnocchi auf einem bemehlten Brett verteilen und zuge-
    deckt etwa 1 Stunde ruhen lassen.

6   Etwa 3 l Wasser in einem großen Topf zum Kochen bringen,
    dann salzen. Die Gnocchi am besten portionsweise in das
    kochende Salzwasser geben und 2–3 Minuten ziehen lassen.
    (Die Gnocchi sind gar, wenn sie an der Wasseroberfläche
    schwimmen.)

7   Die garen Gnocchi mit dem Schaumlöffel aus dem Topf neh-
    men, gut abtropfen lassen und in eine Schüssel geben.

8   Die Butter in einem kleinen Topf erhitzen, bis sie leicht braun
    wird. Die braune Butter über die Gnocchi geben und alles
    mit dem Parmesan bestreuen. Alles leicht vermengen, auf
    4 vorgewärmten Tellern anrichten und sofort servieren.

Knusprige Linsen-Kartoffel-Kugeln

Zutaten für 4 Personen

Für die Linsen-Kartoffel-Kugeln
300 g festkochende Kartoffeln (z. B. Sieglinde, Laura oder Ditta)
1 Zwiebel
2 EL Sonnenblumenöl
100 g vorgekochte Berglinsen (aus der Dose)
2 Eigelb
2 EL Macadamianüsse
1 TL Currypulver
3 EL gehackte glatte Petersilie
1 Knoblauchzehe, fein gehackt
Salz
frisch gemahlener schwarzer Pfeffer
2 Eiweiß
100 g Mandelblättchen
neutrales Pflanzenöl (z. B. Palmöl) zum Ausbacken

Für den Minzejoghurt
250 g Naturjoghurt (3,5 % Fettgehalt)
1 TL Limonenöl
4 EL Minzeblättchen
Salz
frisch gemahlener schwarzer Pfeffer

Zubereitungszeit: 45 Minuten

1 Die Kartoffeln in einen Topf geben, mit Wasser bedecken und salzen. Das Wasser zum Kochen bringen und die Kartoffeln darin weich kochen. Die weichen Kartoffeln durch ein Sieb schütten, gut abtropfen lassen und schälen.

2 Die heißen Kartoffeln mit einer Gabel zerdrücken und abkühlen lassen.

3 Die Zwiebel schälen und fein hacken.

4 Das Sonnenblumenöl in einer Pfanne erhitzen. Die gehackte Zwiebel darin glasig schwitzen.

5 Die Berglinsen waschen, dann gut abtropfen lassen.

6 Die zerdrückten Kartoffeln mit den Berglinsen, den Zwiebeln und den Eigelben in einer Schüssel vermengen.

7 Die Macadamianüsse grob hacken und mit dem Currypulver, der gehackten Petersilie und dem gehackten Knoblauch zu der Kartoffel-Linsen-Mischung geben, alles gut durchmengen und mit Salz und Pfeffer abschmecken.

8 Aus der Kartoffel-Linsen-Masse mit angefeuchteten Händen etwa 16 Kugeln formen. Die Kugeln erst durch das verquirlte Eiweiß ziehen, dann in den Mandelblättchen wälzen.

9 Das Pflanzenöl in einem Topf auf ca. 160 °C erhitzen. Die Kartoffel-Linsen-Kugeln darin portionsweise etwa 2–3 Minuten ausbacken. Die frittierten Kugeln mit dem Schaumlöffel herausnehmen, auf Küchenkrepp abtropfen lassen.

10 Für den Minzejoghurt den Joghurt mit dem Limonenöl glatt rühren. Die Minzeblättchen fein schneiden und in den Joghurt rühren. Den Minzejoghurt mit Salz und Pfeffer abschmecken und zu den Kartoffel-Linsen-Kugeln reichen.

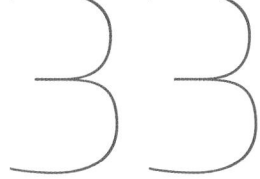

33

Kartoffel-Spinat-Creme mit Parmesan-Ei

Zutaten für 4 Personen

Für die Kartoffel-Spinat-Creme

250 g mehligkochende Kartoffeln (z. B. Hermes, Bintje oder Agria)

1 weiße Gemüsezwiebel

3 EL Butter

750 ml Gemüsefond

500 g grüne Spinatblätter, geputzt

1 kleine Knoblauchzehe, fein gehackt

200 ml flüssige Sahne

etwas frisch geriebene Muskatnuss

Salz

frisch gemahlener schwarzer Pfeffer

Zubereitungszeit: 1 Stunde

1 Für die Spinat-Kartoffel-Creme die Kartoffeln schälen und in ca. 1 cm große Würfel schneiden.

2 Die Zwiebel schälen und in feine Würfel schneiden.

3 Die Butter in einem großen Topf zerlassen und die Zwiebelwürfel darin hell anschwitzen. Die Kartoffelwürfel hinzufügen und kurz mitschwitzen, dann mit dem Gemüsefond auffüllen. Alles etwa 15 Minuten köcheln lassen.

4 Den Spinat und den Knoblauch zu den Kartoffeln geben und 3–4 Minuten mitköcheln lassen. Dann die Sahne hinzufügen und alles einmal aufkochen.

5 Den Topf vom Herd nehmen. Die Kartoffel-Spinat-Mischung mit dem Pürierstab zu einer feinen Creme pürieren. Die Kartoffel-Spinat-Creme mit Muskatnuss, Salz und Pfeffer abschmecken und warm beiseitestellen.

Für die Parmesan-Eier

5 Eier

20 g getrocknete Tomaten (ohne Öl)

30 g frisch geriebener Parmesan

30 g Weißbrotbrösel

40 g Weizenmehl (Type 405)

ca. 500 ml neutrales Pflanzenöl zum Ausbacken

6   4 Eier in einen kleinen Topf geben und mit kaltem Wasser bedecken. Das Wasser einmal sprudelnd aufkochen, dann den Topf vom Herd nehmen und die Eier 5 Minuten ziehen lassen. Die Eier aus dem Topf nehmen, mit kaltem Wasser abschrecken und vorsichtig schälen.

7   Die getrockneten Tomaten im Mixer fein zerkleinern, dann mit dem Parmesan und den Weißbrotbröseln vermengen.

8   Die gekochten Eier erst in dem Mehl wenden, dann durch das restliche verquirlte Ei ziehen und zuletzt in der Tomaten-Parmesan-Mischung panieren.

9   Das Pflanzenöl in einem Topf erhitzen und die Parmesan-Eier darin schwimmend ausbacken.

10   Die Kartoffel-Spinat-Creme bei Bedarf nochmals erwärmen, in 4 tiefen Tellern anrichten und jeweils 1 Tomaten-Parmesan-Ei daraufsetzen.

Gekochte Minikartoffeln mit dreierlei Saucen

Zutaten für 4 Personen

Für die Olivenmayonnaise
4 EL Mayonnaise

2 EL saure Sahne (Sauerrahm)

4 EL schwarze Oliven, entkernt

2 EL frisch gehackter Thymian

1–2 Knoblauchzehen, zerdrückt

Salz

frisch gemahlener schwarzer Pfeffer

Für die Joghurt-Erdnuss-Sauce
80 g Erdnusskerne

250 ml Naturjoghurt (3,5 % Fettgehalt)

2 EL Mayonnaise

etwas Sojasauce

2 EL Sesamöl

etwas Tabasco

Salz

frisch gemahlener schwarzer Pfeffer

Zubereitungszeit: $1\,^{1}/_{2}$ Stunden

1 Für die Olivenmayonnaise die Mayonnaise mit dem Sauerrahm verrühren. Die Oliven grob hacken und untermengen. Dann den Thymian und den Knoblauch hinzufügen und die Olivenmayonnaise mit Salz und Pfeffer abschmecken. Die Olivenmayonnaise bis zum Servieren kalt stellen.

2 Für die Joghurt-Erdnuss-Sauce die Erdnusskerne im Mixaufsatz der Küchenmaschine zerkleinern. Die gehackten Erdnusskerne mit dem Joghurt, der Mayonnaise, der Sojasauce und dem Sesamöl verrühren. Die Sauce mit Tabasco, Salz und Pfeffer abschmecken, dann die Joghurt-Erdnuss-Sauce bis zum Servieren kalt stellen.

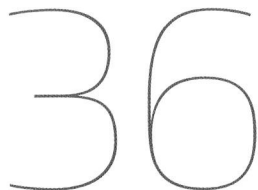

36

(Fortsetzung von Seite 36)

Für die Chili-Zwiebeln
4 Gemüsezwiebeln
3 EL Olivenöl
2 Chilischoten
Saft von 1/4 Zitrone
Salz
frisch gemahlener
schwarzer Pfeffer

Für die Minikartoffeln
1,5 kg vorwiegend fest-
kochende Minikartoffeln
(z. B. kleine Sieglinde)
1 EL Meersalz
1 TL ganze Kümmelsamen

3   Für die Chili-Zwiebeln die Zwiebeln schälen, halbieren und in
feine Streifen schneiden. Das Olivenöl in einem kleinen Topf
erhitzen und die Zwiebeln darin langsam hellbraun anbraten.
Die Chilischoten mit den Samen fein hacken, zu den Zwiebeln
in die Pfanne geben und etwa 10 Minuten köcheln lassen.
Die Zwiebelmischung mit dem Pürierstab grob zerkleinern.
Das Püree mit dem frisch gepressten Zitronensaft, Salz und
Pfeffer abschmecken, dann etwa 30 Minuten durchziehen
lassen.

4   Die Kartoffeln gründlich waschen, in einen Topf geben,
mit Wasser bedecken und das Salz und den Kümmel hinzufügen. Das Wasser zum Kochen bringen und die Kartoffeln
darin weich kochen. Die weichen Kartoffeln durch ein Sieb
schütten und gut abtropfen lassen.

5   Die heißen Kartoffeln in eine Schüssel geben und mit den
dreierlei Saucen servieren.

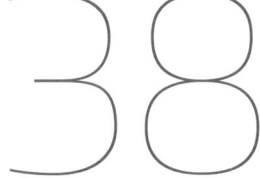

Knusprige Kartoffel-Ricotta-Ravioli mit Rucola

Zutaten für 4 Personen

400 g mehligkochende Kartoffeln (z. B. Hermes oder Bintje)

Salz

180 g Ricotta

60 g Raclettekäse

120 g Rucola, geputzt

1 Knoblauchzehe, fein gehackt

frisch gemahlener schwarzer Pfeffer

30 Blätter Wan-Tan-Teig (TK-Ware, im Asialaden erhältlich)

1 Eiweiß zum Bestreichen

etwas Weizenmehl für die Arbeitsfläche

½ l neutrales Pflanzenöl zum Frittieren

Zubereitungszeit: 1 Stunde

1   Die Kartoffeln gründlich waschen, in einen Topf geben, mit Wasser bedecken und salzen. Das Wasser zum Kochen bringen und die Kartoffeln darin weich kochen. Die weichen Kartoffeln durch ein Sieb schütten, gut abtropfen lassen, schälen, dann mit einer Gabel grob zerdrücken. Die zerdrückten Kartoffeln etwas abkühlen lassen.

2   Die zerdrückten Kartoffeln in einer Schüssel mit dem Ricotta vermengen.

3   Den Raclettekäse in kleine Würfel schneiden.

4   Den Rucola grob hacken und mit den Raclettekäsewürfeln und dem Knoblauch unter die Kartoffel-Ricotta-Mischung heben. Die Kartoffel-Ricotta-Creme mit Salz und Pfeffer abschmecken.

5   Die Wan-Tan-Blätter mit etwas verquirltem Eiweiß bestreichen. Auf jedes Wan-Tan-Blatt 1 EL Kartoffel-Ricotta-Füllung setzen.

6   Jedes gefüllte Wan-Tan-Blatt zu einem Dreieck zusammenklappen und die Ränder zusammendrücken. Die Teigtaschen bis zum Frittieren auf eine bemehlte Arbeitsfläche legen.

7   Das Pflanzenöl in einem Topf auf ca. 170 °C erhitzen. Die Ravioli darin portionsweise etwa 2–3 Minuten ausbacken. Die frittierten Ravioli mit dem Schaumlöffel aus dem Topf nehmen und auf Küchenkrepp abtropfen lassen. Die Ravioli heiß servieren.

Tipp: Dazu passen Blattsalate oder in Olivenöl gebratene Kirschtomaten.

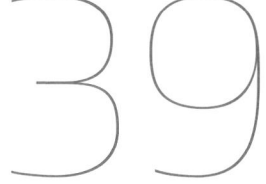

39

Aus dem Topf

Kartoffelkroketten
mit Rosenkohl-Parmesan-Füllung

Zutaten für 4 Personen

Für die Füllung
200 g Rosenkohl
(Kohlsprossen)

800 g mehligkochende
Kartoffeln (z.B. Agria,
Hermes oder Bintje)

2 Eigelb

20 g weiche Butter

50 g frisch geriebener
Parmesan

Salz

frisch geriebene
Muskatnuss

Weißbrotbrösel
für die Arbeitsfläche

Für die Panade
100 g glattes Weizenmehl
(Type 405)

2 Eier

150 g Weißbrotbrösel

reichlich Butterschmalz
zum Ausbacken

Zubereitungszeit: 80 Minuten

1 Die Blätter von den Rosenkohlköpfen ablösen und 3–4 Minuten in kochendem Salzwasser blanchieren, dann durch ein Sieb schütten, gründlich abtropfen lassen und fein hacken.

2 Die Kartoffeln in einen Topf geben, mit Wasser bedecken und salzen. Das Wasser zum Kochen bringen und die Kartoffeln darin weich kochen. Die Kartoffeln durch ein Sieb schütten, gut abtropfen lassen, schälen und etwas abkühlen lassen, dann zweimal durch die Kartoffelpresse drücken.

3 Die Kartoffelmasse mit den Eigelb, der weichen Butter, dem geriebenen Parmesan und den gehackten Rosenkohlblättern vermengen. Diese Füllung mit Salz und frisch geriebener Muskatnuss abschmecken.

4 Die Füllung in einen Spritzbeutel (ohne Tülle) füllen.

5 Die Arbeitsfläche mit Weißbrotbröseln bestreuen. Die Kartoffelfüllung in langen Strängen daraufspritzen, diese anschließend mit einem bemehlten Messer in 4 cm lange Kroketten schneiden.

6 Die Kartoffel-Rosenkohl-Kroketten erst in dem Mehl wenden, anschließend durch die verquirlten Eier ziehen und zuletzt mit den Weißbrotbröseln panieren.

7 Das Butterschmalz in einem Topf zerlassen und auf ca. 170 °C erhitzen. Die Kroketten darin knusprig ausbacken. Die ausgebackenen Kroketten mit dem Schaumlöffel aus dem Topf nehmen und auf Küchenkrepp abtropfen lassen.

Tipp: Die Kroketten passen zu diversen Wildgerichten, sie eignen sich mit einem gemischten Salat aber auch als Hauptspeise.

Bunte Kartoffelchips
mit Paprika-Mandel-Dip

Zutaten für 4 Personen

Für die Sauce
80 g geschälte Mandelkerne

1 TL edelsüßes Paprikapulver

2 kleine Knoblauchzehen, gehackt

65 ml Olivenöl

Salz

frisch gemahlener schwarzer Pfeffer

Für die Kartoffelchips
500 g verschiedene bunte Kartoffelsorten, von vorwiegend festkochend bis mehligkochend (z. B. Highland Burgundy Red, Barbara, Rote Emma, Rosa Tannenzapfen, Roseval, Blaue Elise)

neutrales Pflanzenöl zum Frittieren

Salz

Zubereitungszeit: 40 Minuten

1   Für die Sauce alle Zutaten im Mixaufsatz der Küchenmaschine zu einer feinen Creme verarbeiten, diese mit Salz und Pfeffer abschmecken.

2   Für die Kartoffelchips die Kartoffeln schälen und in etwa 1 mm feine Scheiben schneiden. (Tipp: Das funktioniert am besten mit einem Gemüsehobel oder einer Aufschnittmaschine.)

3   Die Kartoffelscheiben etwa 10 Minuten in kaltes Wasser legen, dann durch ein Sieb schütten und auf Küchenkrepp gut abtropfen lassen.

4   Das Pflanzenöl in einem hohen Topf auf ca. 170 °C erhitzen. Die Kartoffelscheiben darin portionsweise knusprig ausbacken.

5   Die ausgebackenen Kartoffelchips mit dem Schaumlöffel aus dem Topf heben, auf Küchenkrepp gut abtropfen lassen, salzen und mit der Sauce servieren.

Kürbis-Kartoffel-Cremesuppe mit Amaretti

Zutaten für 4 Personen

200 g mehligkochende Kartoffeln (z. B. Hermes oder Bintje)

1 kleiner Hokkaidokürbis (ca. 450 g Fruchtfleisch)

1 kleine Zwiebel, geschält

3 EL Olivenöl

125 ml trockener Weißwein

750 ml Gemüsefond

1 frisches kleines Lorbeerblatt

1 kleines Stück unbehandelte Orangenschale

125 ml flüssige Sahne

Salz

frisch gemahlener schwarzer Pfeffer

2 EL Crème fraîche

3 EL Vollmilch

80 g Amaretti (italienisches Mandelgebäck)

1 EL Olivenöl

Zubereitungszeit: 40 Minuten

1. Die Kartoffeln schälen und in kleine Würfel schneiden.

2. Den Kürbis gründlich waschen, halbieren, entkernen und in kleine Würfel schneiden.

3. Die Zwiebel fein hacken.

4. Das Olivenöl in einem großen, flachen Topf erhitzen und die Zwiebel darin anschwitzen. Die Kartoffel- und Kürbiswürfel hinzufügen und kurz mitschwitzen, dann mit dem Weißwein ablöschen. Anschließend mit dem Gemüsefond auffüllen.

5. Das Lorbeerblatt und die Orangenschale hinzufügen, gemeinsam etwa 30 Minuten köcheln lassen.

6. Das Lorbeerblatt und die Orangenschale aus der Suppe nehmen. Die Sahne in die Suppe rühren und alles mit dem Pürierstab feincremig pürieren. (Hinweis: Sollte die Suppe zu dickflüssig sein, nach Bedarf noch etwas Gemüsefond dazugeben.)

7. Die Suppe nochmals erhitzen und mit Salz und Pfeffer abschmecken.

8. Die Crème fraîche mit der Milch glatt rühren.

9. Die Amaretti grob zerbröseln.

10. Die Suppe in 4 vorgewärmten Schalen anrichten, Kleckse der sahnigen Crème fraîche sowie etwas Olivenöl darüberträufeln und mit den Amaretti bestreuen – sofort servieren.

45

Cremekartoffeln mit Saiblingskaviar

Zutaten für 4 Personen

700 g festkochende, möglichst gleich große Kartoffeln (z. B. Bamberger Hörnchen, Rosa Tannenzapfen oder Sieglinde)

Salz

2 Schalotten

1 EL Butter

125 ml Gemüse- oder Geflügelfond

200 g Sahne

frisch gemahlener schwarzer Pfeffer

etwas frisch geriebene Muskatnuss

1 Bund Schnittlauch, in feine Röllchen geschnitten

200 g griechischer Joghurt

120 g Saiblingskaviar

Zubereitungszeit: 30 Minuten

1 Die Kartoffeln gründlich waschen, in einen Topf geben, mit Wasser bedecken und salzen. Das Wasser zum Kochen bringen und die Kartoffeln darin weich kochen. Die weichen Kartoffeln durch ein Sieb schütten, gut abtropfen lassen und warm stellen (am besten im auf 60 °C vorgeheizten Backofen).

2 Die Schalotten schälen und sehr fein hacken.

3 Die Butter in einem Topf zerlassen. Die Schalotten darin hell anschwitzen, anschließend mit dem Fond und der Sahne auffüllen. Die Sauce aufkochen, dann mit Salz, Pfeffer und etwas frisch geriebener Muskatnuss abschmecken. Den Topf kurz vom Herd nehmen. (Tipp: Lassen Sie kurz 1 geschälte Knoblauchzehe in dem Schalottenfond ziehen.)

4 Die Kartoffeln aus dem Ofen nehmen, schälen und in etwa $1/2$ cm dicke Scheiben schneiden. Die Kartoffelscheiben in die Sahnesauce geben und bei geringer Hitze 2–3 Minuten darin ziehen lassen.

5 Die Cremekartoffeln auf 4 tiefe Teller verteilen und mit Schnittlauchröllchen bestreuen. Mit einem angefeuchteten Esslöffel 4 Nocken des griechischen Joghurts formen (jeweils 30 g), auf die Cremekartoffeln setzen und mit etwas Saiblingskaviar abschließen.

Burgenländische Stosuppe mit Grammeln

Zutaten für 4 Personen

200 g festkochende Kartoffeln (z. B. Linzer Delikatess, Sieglinde oder Linda)

1 TL ganze Kümmelsamen

2 Knoblauchzehen, geschält

1 l Buttermilch

125 ml Sauerrahm (saure Sahne, 15 % Fettgehalt)

1 EL Weizenmehl (Type 405)

100 g Grieben (Grammeln)

Salz

2 EL fein gehackte glatte Petersilie frisch gemahlener schwarzer Pfeffer

Zubereitungszeit: 40 Minuten

1 Die Kartoffeln schälen, waschen und in ca. 1 cm große Würfel schneiden.

2 500 ml Wasser mit den Kümmelsamen und den Knoblauchzehen in einen Topf geben und aufkochen. Die Kartoffelwürfel in das Wasser geben und bei geringer Hitze etwa 20 Minuten im offenen Topf gar kochen.

3 Den Topf vom Herd nehmen und die Buttermilch über die Kartoffelwürfel gießen und gut verrühren.

4 Den Sauerrahm mit dem Mehl glatt rühren. (Hinweis: Wenn die Mischung zu zähflüssig ist, etwas kaltes Wasser zugeben.) Die Mehl-Sauerrahm-Mischung unter ständigem Rühren in die heiße Kartoffelsuppe geben, den Topf wieder auf den Herd stellen und die Kartoffelsuppe 10 Minuten weiterköcheln lassen.

5 Eine beschichtete Pfanne leicht erhitzen, dann die Grammeln darin 1–2 Minuten anbraten. Die Grammeln leicht salzen, die gehackte Petersilie dazugeben und kurz mitrösten.

6 Die Stosuppe mit Salz und Pfeffer abschmecken, in 4 tiefen Tellern anrichten und die Petersiliengrammeln darüberstreuen.

Kartoffelsamtsuppe
mit »gespeckten« Steinpilzen

Zutaten für 4 Personen

**Für die
Kartoffelsamtsuppe**

1 kg mehlig- bis vorwiegend festkochende Kartoffeln (z. B. Hermes, Bintje oder Cyclame)

1 kleine Karotte (ca. 80 g)

80 g Knollensellerie

20 g Hamburgerspeck (Frühstücksspeck)

1 Zwiebel (ca. 60 g)

40 g Butter

1 Knoblauchzehe, fein gehackt

750 ml Rinderfond

$\frac{1}{2}$ TL gemahlener Kümmel

125 ml flüssige Sahne

125 g Crème fraîche

Salz

frisch gemahlener schwarzer Pfeffer

**Für die
»gespeckten« Steinpilze**

150 g frische Steinpilze, geputzt

40 g Hamburgerspeck (Frühstücksspeck)

1 EL Butter

Salz

frisch gemahlener schwarzer Pfeffer

2 EL gehackte glatte Petersilie

Zubereitungszeit: 50 Minuten

1 Die Kartoffeln schälen und in große Würfel schneiden.

2 Die Karotte und den Knollensellerie putzen und in kleine Würfel schneiden.

3 Den Hamburgerspeck in kleine Würfel schneiden.

4 Die Zwiebel schälen und fein hacken.

5 Die Butter in einem großen Topf zerlassen. Die Zwiebel und den Knoblauch kurz darin anschwitzen. Dann den Speck hinzufügen und etwa 2 Minuten mitbraten. Anschließend die Kartoffel-, Karotten- und Selleriewürfel hinzufügen, alles gut durchmengen und mit dem Rinderfond auffüllen. Dann das Kümmelpulver hineinrühren und die Suppe etwa 25 Minuten köcheln lassen.

6 Die Sahne in die Suppe geben, den Topf vom Herd nehmen und die Kartoffelsuppe mit dem Pürierstab fein aufmixen.

7 Die Crème fraîche unterrühren und die Suppe bei geringer Hitze einmal aufkochen, danach mit dem Pürierstab erneut gut aufmixen.

8 Für die »gespeckten« Steinpilze den Hamburgerspeck und die Pilze in dünne Streifen schneiden.

9 Die Butter in einer Pfanne zerlassen und die Speckstreifen darin anbraten. Dann die Steinpilze hinzugeben und 2–3 Minuten mitbraten. Die »gespeckten« Steinpilze anschließend salzen, pfeffern und die gehackte Petersilie untermengen.

10 Die Kartoffelsamtsuppe mit Salz und Pfeffer abschmecken und mit den »gespeckten« Steinpilzen in 4 tiefen Tellern anrichten.

49

Pommes »Pont Neuf« mit Ketchupeis

Zutaten für 4 Personen

Für das Ketchupeis
250 g Tomatenketchup
100 ml Mineralwasser mit Kohlensäure
20 ml Aceto balsamico
1 EL Olivenöl extra vergine
1 Spritzer Tabasco

Für die Pommes »Pont Neuf«
1,2 kg große, vorwiegend fest- oder mehligkochende Kartoffeln (z. B. Tosca, Marabel XL oder Agria)
etwa 1^1/$_2$ l neutrales Pflanzenöl zum Frittieren

Für das Gewürzsalz
^{1}/$_2$ TL Salz
^{1}/$_4$ TL edelsüßes Paprikapulver
1 Msp. gemahlener Koriander
1 Msp. gemahlener Piment

Zubereitungszeit: 1^1/$_2$ Stunden

1 Für das Ketchupeis das Tomatenketchup mit dem Mineralwasser, dem Aceto balsamico, dem Olivenöl und dem Tabasco glatt rühren. Die Mischung in der Eismaschine zu cremigem Eis gefrieren lassen. (Tipp: Man kann die Mischung auch in einen flachen Kunststoffbehälter füllen, 3–4 Stunden zugedeckt tiefkühlen und dann mit dem Pürierstab zu cremigem Eis verarbeiten.)

2 Für die Pommes »Pont Neuf« die Kartoffeln schälen, waschen und gründlich abtrocknen. Die Kartoffeln der Länge nach in etwa 1 cm dicke Scheiben und diese Scheiben in etwa 1 cm breite Stäbchen schneiden.

3 Das Pflanzenöl in einem großen Topf auf ca. 150 °C erhitzen. Die Kartoffelstäbchen darin portionsweise etwa 5 Minuten vorgaren. Die vorgegarten Pommes »Pont Neuf« mit dem Schaumlöffel aus dem Topf nehmen und auf Küchenkrepp abtropfen lassen.

4 Das Frittieröl einmal durch ein engmaschiges Sieb gießen, dann zurück in den Topf geben und auf 180 °C erhitzen. Die Pommes darin portionsweise knusprig ausbacken. Die knusprigen Pommes »Pont Neuf« mit dem Schaumlöffel aus dem Topf nehmen und auf Küchenkrepp abtropfen lassen.

5 Für das Gewürzsalz alle Zutaten in einer kleinen Schüssel vermengen.

6 Die Pommes mit dem Gewürzsalz bestreuen und mit dem Ketchupeis servieren.

50

Frittierte Kartoffeln
mit Joghurt-Kreuzkümmel-Füllung

Zutaten für 4 Personen

Für die Kartoffeln

8 große, ungeschälte und vorgegarte vorwiegend festkochende bzw. mehligkochende Kartoffeln (z. B. Marabel XL oder Bintje)

neutrales Pflanzenöl zum Frittieren

2 EL Butter

Für die Füllung

400 g griechischer Joghurt

2 EL flüssiger Honig

$\frac{1}{2}$ TL Kreuzkümmelpulver (Cumin)

1 kleine Chilischote

Salz

frisch gemahlener schwarzer Pfeffer

einige getrocknete Kreuzkümmelstiele

Zubereitungszeit: 30 Minuten

1 Die ungeschälten, in Salzwasser gegarten Kartoffeln halbieren und das Innere mit einem kleinen Löffel herausnehmen. Dabei bei jeder Kartoffelhälfte einen 1 cm breiten Rand stehenlassen. Die ausgehöhlten Kartoffelhälften und das Kartoffelinnere bis zum Weiterverarbeiten beiseitestellen.

2 Das Pflanzenöl in einem Topf auf ca. 180 °C erhitzen und die ausgehöhlten Kartoffelhälften darin knusprig ausbacken. Die frittierten Kartoffelhälften mit dem Schaumlöffel aus dem Topf nehmen und auf Küchenkrepp abtropfen lassen.

3 Das Kartoffelinnere grob mit einer Gabel zerdrücken.

4 Die Butter in einer Pfanne zerlassen und die Kartoffelmasse darin bei geringer Hitze leicht anbraten. (Gerade so viel, dass die Kartoffeln heiß sind.) Die heiße Kartoffelmasse dann auf die frittierten Kartoffelhälften verteilen.

5 Für die Joghurt-Kreuzkümmel-Füllung den Joghurt mit dem Honig und dem Kreuzkümmelpulver glatt rühren. Die Chilischote (mit den Samen) fein hacken und in die Joghurtmischung geben, alles gut verrühren und mit Salz und Pfeffer abschmecken.

6 Jeweils 1 TL der Joghurt-Kreuzkümmel-Mischung auf die gefüllten Kartoffeln setzen. Die gefüllten Kartoffeln nach Belieben mit einigen frittierten Kartoffelstücken und getrockneten Kreuzkümmelstielen dekorieren.

Tipp: Den restlichen Kreuzkümmeljoghurt können Sie in kleinen Schälchen dazu servieren.

53

Penne mit Kohl und Kartoffeln

Zutaten für 4 Personen

250 g festkochende bzw. speckige Kartoffeln (z. B. Sieglinde, Naglerner Kipfler oder Rosa Tannen-zapfen)

300 g Grünkohl

3 EL Olivenöl

4 Knoblauchzehen, fein gehackt

Salz

250 ml Gemüsefond

1 kleine Chilischote

frisch gemahlener schwarzer Pfeffer

400 g Penne

Salz

4 EL Olivenöl extra vergine für die Sauce

60 g frisch geriebener Parmesan

Zubereitungszeit: 40 Minuten

1 Die Kartoffeln schälen und in 1 cm große Würfel schneiden (bzw. Kartoffeln der Sorte Naglerner Kipfler in Scheiben schneiden).

2 Die Grünkohlblätter waschen und vom dicken Strunk ent-fernen. Die Blätter in ca. 1 cm breite Streifen schneiden.

3 Das Olivenöl in einem Topf erhitzen und den gehackten Knoblauch darin anschwitzen. Die Kohlblätter dazugeben, leicht salzen und kurz mitschwitzen.

4 Die Kartoffeln hineingeben, dann alles mit dem Gemüsefond auffüllen und die ganze Chilischote hinzufügen. Den Fond mit Salz und Pfeffer abschmecken und zugedeckt etwa 30 Minuten köcheln. Bei Bedarf noch etwas Gemüsefond hinzufügen.

5 Die Penne in reichlich kochendem Salzwasser bissfest garen, dann durch ein Sieb schütten und zu dem Kohl-Kartof-fel-Gemüse geben. Alles gut vermengen, dann das Olivenöl extra vergine hinzufügen, eventuell nochmals nachwürzen und die Pasta bei geringer Hitze etwa 5 Minuten durchzie-hen lassen.

6 Die heiße Pasta auf 4 vorgewärmten Tellern anrichten, mit Parmesan bestreuen und servieren.

Kartoffelsuppe mit Fisch, Anis und Mandeln

Zutaten für 4 Personen

300 g vorwiegend fest-
kochende bzw. speckige
Kartoffeln (z. B. Ditta,
Naglerner Kipfler oder
Sieglinde)

1 große Fenchelknolle
(ca. 350 g)

1 große Gemüsezwiebel
(ca. 100 g)

3 Knoblauchzehen

4 EL Olivenöl

1 TL Anissamen

80 ml Anisschnaps

700 ml Fischfond

400 ml Gemüsefond

2 Briefchen Safranfäden

80 g geschälte
Mandelkerne

500 g Seeteufelfilet

Saft von 1 Zitrone

Salz

frisch gemahlener
schwarzer Pfeffer

3 EL fein gehackte
glatte Petersilie

4 EL Olivenöl extra vergine
zum Beträufeln

Zubereitungszeit: 1 Stunde

1   Die Kartoffel schälen, in etwa 1 cm große Würfel schneiden.

2   Den Fenchel putzen, dabei das Fenchelgrün zum Vollenden der Suppe beiseitelegen. Die Fenchelknolle halbieren, den Strunk entfernen und den Fenchel in sehr feine Streifen schneiden.

3   Die Gemüsezwiebel und den Knoblauch schälen und alles in dünne Streifen schneiden.

4   Das Olivenöl in einem großen Topf erhitzen. Die Zwiebel-streifen und den Knoblauch darin kurz anschwitzen, dann die Anissamen kurz mitschwitzen. Anschließend die Fenchel-streifen zugeben und alles 2–3 Minuten weiterbraten.

5   Das Gemüse mit dem Anisschnaps ablöschen, einmal auf-kochen, dann mit dem Fisch- und dem Gemüsefond auffüllen.

6   Die Kartoffelwürfel, den Safran und die Mandelkerne in den Topf geben und die Suppe bei mittlerer Hitze etwa 35 Minu-ten im offenen Topf köcheln lassen.

7   Das Seeteufelfilet in etwa 2 cm große Würfel schneiden, mit dem frisch gepressten Zitronensaft beträufeln und mit Salz und Pfeffer bestreuen. Die Fischwürfel in die Suppe einlegen und 8–10 Minuten darin ziehen lassen.

8   Die Suppe mit Salz und Pfeffer abschmecken, dann die gehackte Petersilie und das gehackte Fenchelgrün kurz ein-rühren. Die Suppe in 4 Schalen oder Suppentellern anrichten und mit je 1 EL Olivenöl beträufeln.

Tipp: Dazu passt ofenfrisches Baguette.

Pochierter »Gewürzkarpfen« mit Kartoffelkren

Zutaten für 4 Personen

Für den Sud
120 g Lauch, geputzt
20 g Butter
120 ml trockener Weißwein
500 ml Fischfond (Fertigprodukt)
1 frisches oder getrocknetes Lorbeerblatt
3 Pfefferkörner
3 Pimentkörner
½ TL Korianderkörner

Für den Kartoffelkren
750 g mehligkochende Kartoffeln (z. B. Hermes oder Bintje)
Salz
4 EL Butter
2 EL Kren (Meerrettich), aus dem Glas
frisch gemahlener schwarzer Pfeffer

Zubereitungszeit: 1 Stunde

1 Für den Sud den Lauch in feine Ringe schneiden.

2 Die Butter in einem großen, flachen Topf zerlassen. Den Lauch darin kurz anschwitzen, dann mit dem Weißwein ablöschen und mit dem Fischfond auffüllen. Das Lorbeerblatt, die Pfeffer-, Piment- und Korianderkörner hinzufügen und den Sud 5–6 Minuten köcheln lassen. Den Topf vom Herd nehmen und bis zum Weiterverarbeiten beiseitestellen.

3 Für den Kartoffelkren die Kartoffeln schälen, vierteln, in einen Topf geben, mit Wasser bedecken und salzen. Das Wasser zum Kochen bringen und die Kartoffeln darin weich kochen. Die weichen Kartoffeln durch ein Sieb schütten, gut abtropfen lassen, zurück in den Topf geben und dort ausdampfen lassen, bis sie ganz trocken sind. Die Kartoffeln zerstampfen, dann die Butter dazugeben und gut vermengen. Den Kren zufügen, das Püree mit Salz und Pfeffer abschmecken und warm halten.

(Fortsetzung von Seite 59)

Für den Karpfen
1 Karotte (ca. 80 g)
80 g Knollensellerie
2 EL Butter
Salz
1 großes Karpfenfilet
(ca. 700 g), entgrätet und
geschuppt
50 g kalte Butterwürfel
zum Montieren der Sauce
3 EL gehackte
glatte Petersilie

4   Die Karotte und den Knollensellerie in sehr feine Streifen schneiden. Die Butter in einer Pfanne zerlassen und die Gemüsestreifen darin anbraten und salzen. Weitere 3–4 Minuten braten, dann die Pfanne vom Herd nehmen und warm beiseitestellen.

5   Das Karpfenfilet in etwa 4 gleich große Stücke schneiden und leicht salzen.

6   Den Sud wieder erwärmen, die Karpfenfilets hineinlegen und 2–3 Minuten ziehen lassen. Den Topf vom Herd nehmen und die Karpfenfilets 10–12 Minuten nachziehen lassen. Die Filets anschließend wieder aus dem Sud nehmen und warm beiseitestellen.

7   Den Karpfensud durch ein Sieb schütten, wieder in den Topf geben und auf die Hälfte reduzieren. Den Topf vom Herd nehmen und die kalten Butterwürfel mit dem Schneebesen in den Fond rühren.

8   Den Karpfen mit der Sauce in 4 tiefen Tellern anrichten. Die Karotten- und Selleriestreifen mit der gehackten Petersilie darübergeben und den Kartoffelkren dazu servieren.

»Wiener« Kartoffelgulasch

Zutaten für 4 Personen

1 kg vorwiegend fest-
kochende Kartoffeln
(z. B. Sieglinde oder Linda)
1 große Zwiebel
2 Knoblauchzehen
4 EL Sonnenblumenöl oder
Butterschmalz
1 EL getrockneter Majoran
1 TL ganze Kümmelsamen
1 EL Tomatenmark
5 EL edelsüßes
Paprikapulver
1 l Rinderfond
350 g geräucherte Wurst
Salz
frisch gemahlener
schwarzer Pfeffer

Zubereitungszeit: 1 Stunde

1 Die Kartoffeln schälen und in große Würfel schneiden oder vierteln.

2 Die Zwiebel und den Knoblauch schälen und in kleine Würfel schneiden.

3 Das Sonnenblumenöl bzw. das Butterschmalz in einem großen Topf erhitzen. Die Zwiebeln und den Knoblauch darin 2–3 Minuten anschwitzen. Dann den Majoran sowie die Kümmelsamen hinzufügen und kurz mitschwitzen.

4 Den Topf vom Herd nehmen. Das Tomatenmark und das Paprikapulver hinzugeben, dann alles gut vermengen.

5 Den Topf wieder auf den Herd stellen, mit dem Rinderfond (oder der gleichen Menge Wasser) auffüllen, dann die Kartoffeln hinzufügen und das Gulasch bei mittlerer Hitze etwa 25–30 Minuten köcheln lassen. Das Gulasch ist fertig, wenn die Kartoffeln weich sind und die Sauce von sämiger Konsistenz ist.

6 Die Wurst in $^1/_2$ cm dicke Scheiben schneiden, in das Gulasch geben und 5–8 Minuten darin ziehen lassen. Das Gulasch mit Salz und Pfeffer abschmecken.

61

Kaninchenkeulengulasch mit Kartoffeln und Zimt

Zutaten für 4 Personen

4 Kaninchenkeulen
(à 300 g)

Salz

frisch gemahlener
schwarzer Pfeffer

etwas gemahlener
Koriander

4 EL Sonnenblumenöl

2 EL Tomatenmark

500 ml Kalbsfond

250 ml trockener Rotwein

2 Knoblauchzehen,
geschält und fein gehackt

2 frische Lorbeerblätter

4 Pimentkörner

1 Stange Zimt

350 g kleine Schalotten

400 g fest- oder vor-
wiegend festkochende
Kartoffeln (z. B. Linzer
Delikatess, Sieglinde oder
Rotaugerl)

2 große Fleischtomaten
(ca. 600 g)

120 g Cocktailtomaten,
halbiert

Saft von ½ Zitrone

Zubereitungszeit: 2 Stunden

1 Die Kaninchenkeulen am Gelenk in je 2 Hälften teilen und von allen Seiten mit Salz, Pfeffer und Koriander einreiben.

2 Das Sonnenblumenöl in einem großen, flachen Topf erhitzen. Die Kaninchenkeulen darin von allen Seiten anbraten.

3 Das Tomatenmark hinzufügen, dann mit dem Kalbsfond und dem Rotwein auffüllen.

4 Den Knoblauch, die Lorbeerblätter, die Pimentkörner und die Zimtstange in den Topf geben und alles etwa 10 Minuten bei mittlerer Hitze köcheln lassen.

5 Die Schalotten schälen und putzen.

6 Die Kartoffeln schälen, halbieren oder vierteln.

7 Die Tomaten waschen und in große Würfel schneiden.

8 Die ganzen Schalotten, die Kartoffeln und die Fleischtomaten in das Gulasch geben und alles weitere 30–40 Minuten köcheln lassen. 10 Minuten vor Ende der Garzeit die halbierten Cocktailtomaten hinzufügen.

9 Das Gulasch mit dem frisch gepressten Zitronensaft, Salz und Pfeffer abschmecken. Den Topf vom Herd nehmen. die Zimtstange herausnehmen und das Gulasch etwa 10 Minuten ruhen lassen. Das Gulasch anschließend in 4 tiefen Tellern anrichten und servieren.

Variante: Die Kaninchenkeulen im Backofen zugedeckt bei 140 °C etwa 2 Stunden lang schmoren lassen.

Grammelknödel mit Weinkraut

Zutaten für 4 Personen

Für die Füllung
180 g Grieben
(Grammeln), fein gehackt

2 Knoblauchzehen,
geschält und fein gehackt

3 EL fein gehackte
glatte Petersilie

1 TL getrockneter Majoran

1¹/₂ EL Schweineschmalz

Salz

Für den Teig
500 g mehligkochende
Kartoffeln (z. B. Hermes,
Bintje, Waldviertler
Scheckerl oder Agria)

Salz

2 Eigelb

Salz

50 g flüssige Butter

30 g Weizengrieß

80 g Kartoffelmehl

etwas Weizenmehl
für die Arbeitsfläche

feine Schnittlauchröllchen
zum Bestreuen

Zubereitungszeit: 1¹/₂ Stunden

1 Für die Füllung die Grammeln, den Knoblauch, die Petersilie, den Majoran und das Schmalz gründlich verkneten. Die Masse mit Salz abschmecken, dann 12 kleine Kugeln daraus formen und bis zum Weiterverarbeiten kalt stellen (eventuell kurz tiefkühlen).

2 Für den Teig die Kartoffeln vierteln, in einen Topf geben, mit Wasser bedecken und salzen. Das Wasser zum Kochen bringen und die Kartoffeln darin weich kochen. Die weichen Kartoffeln durch ein Sieb schütten und zum Ausdampfen zurück in den heißen Topf geben, damit sie durchtrocknen. Die geschälten Kartoffeln noch heiß durch die Kartoffelpresse drücken. Die Kartoffelmasse vollständig abkühlen lassen.

3 Die gepressten Kartoffeln mit den Eigelb, 1 Prise Salz, der flüssigen Butter, dem Weizengrieß und dem Kartoffelmehl rasch zu einem glatten Teig verkneten.

4 Den Teig auf einer bemehlten Arbeitsfläche zu einer etwa 3 cm dicken Rolle formen. Diese in 12 gleiche runde Stücke teilen.

5 Jedes Teigstück mit den bemehlten Händen flach drücken. Auf jede dieser Teigscheiben 1 Grammelkugel legen, den Teig um die Füllung hüllen und alles zu Knödeln formen.

65

(Fortsetzung von Seite 65)

Für das Weißkraut
1 EL Sonnenblumenöl
100 g Frühstücksspeck, gewürfelt
240 ml trockener Weißwein
2 EL Weißweinessig
1/2 TL ganze Kümmelsamen
3 EL Kristallzucker
1 frisches Lorbeerblatt
800 g Weißkraut, in feine Streifen geschnitten
Salz
Schnittlauchröllchen zum Bestreuen

6 Reichlich Salzwasser in einem großen Topf zum Kochen bringen. Die Grammelknödel in das kochende Wasser legen und bei geringer Hitze etwa 20 Minuten im offenen Topf gar ziehen lassen.

7 Für das Weißkraut das Sonnenblumenöl in einer Kasserolle erhitzen. Die Speckwürfel darin knusprig anbraten, dann mit dem Weißwein ablöschen.

8 Den Weißweinessig, die Kümmelsamen, den Zucker und das Lorbeerblatt dazugeben und den Sud aufkochen. Dann das fein geschnittene Weißkraut hinzufügen, alles gut vermengen, den Sud nochmals aufkochen und das Weißkraut bei geringer Hitze etwa 8–10 Minuten ziehen lassen. Das gare Weißkraut mit Salz abschmecken.

9 Die Grammelknödel mit einem Schaumlöffel aus dem Wasser nehmen, gründlich abtropfen lassen, mit dem Weißkraut auf 4 vorgewärmten Tellern anrichten und nach Belieben mit Schnittlauchröllchen bestreuen.

Karamellisiertes Lammcurry mit Kartoffeln

Zutaten für 4 Personen

Für die Marinade
250 ml Naturjoghurt (3,5 % Fettgehalt)
1 TL Kurkumapulver
$\frac{1}{2}$ TL Chilipulver
1 TL Garam-Masala-Pulver (indische Gewürzmischung zur Zubereitung von Currys, erhältlich im Asialaden)
10 g frischer Ingwer, geschält und fein gehackt
Salz

Für das Lamm und die Kartoffeln
400 g Lammfleisch aus der Keule
1 große Gemüsezwiebel (ca. 80 g)
1 EL brauner Zucker
4 EL Sonnenblumenöl
2 EL Tomatenmark
150 ml Gemüsefond
400 g festkochende Kartoffeln (z. B. Linzer Delikatess, Linda oder Sieglinde)
Salz
frisch gemahlener schwarzer Pfeffer
einige Korianderblättchen zum Bestreuen

Zubereitungszeit: 80 Minuten, Marinierzeit: 30 Minuten

1 Für die Marinade den Joghurt mit dem Kurkumapulver, dem Chilipulver, dem Garam-Masala-Pulver, dem Ingwer und etwas Salz verrühren.

2 Das Fleisch in etwa 2 cm große Würfel schneiden und in eine Schüssel geben. Die Marinade hinzufügen und alles vermengen. Das Fleisch etwa 30 Minuten bei Zimmertemperatur marinieren.

3 Die Gemüsezwiebel schälen und in feine Ringe schneiden.

4 Den braunen Zucker in einen großen Topf geben und bei geringer Hitze zu hellem Karamell schmelzen lassen. Dann das Sonnenblumenöl hinzufügen und die Zwiebelringe darin hell karamellisieren.

5 Das Fleisch aus der Marinade nehmen und gut abtropfen lassen. Die gesamte Marinade zum Weiterverarbeiten beiseitestellen. Das Fleisch zu den karamellisierten Zwiebeln in den Topf geben und von allen Seiten anbraten.

6 Das Tomatenmark hinzufügen und kurz durchrühren, dann mit dem Gemüsefond und der Marinade auffüllen. Das Curry bei mittlerer Hitze etwa 20 Minuten zugedeckt schmoren.

7 Die Kartoffeln schälen und vierteln, dann in das Curry geben und alles weitere 20–25 Minuten bei mittlerer Hitze köcheln lassen.

8 Das Curry mit Salz und Pfeffer abschmecken, in 4 vorgewärmten Schalen oder tiefen Tellern anrichten und mit den Korianderblättchen bestreuen.

67

Olivengnocchi mit Serrano, Petersilie und Parmesan

Zutaten für 4 Personen

Für die Gnocchi
500 g mehligkochende
Kartoffeln (z. B. Hermes,
Bintje oder Agria)

Salz

30 g schwarze, getrock-
nete Oliven, entsteint

30 g grüne Oliven, abge-
tropft und entsteint

2–3 EL Weizenmehl
(Type 405)

80 g Hartweizengrieß

4 EL Kartoffelstärkemehl

3 EL Thymianblättchen

2 Eigelb

2 EL Olivenöl extra vergine

Salz

frisch gemahlener
schwarzer Pfeffer

Zubereitungszeit: 1 Stunde (ohne Abkühlzeit)

1 Die Kartoffeln in einen Topf geben, mit Wasser bedecken und salzen. Das gesalzene Wasser zum Kochen bringen und die Kartoffeln darin weich kochen. Die weichen Kartoffeln durch ein Sieb schütten, gut abtropfen lassen, schälen und vollständig abkühlen lassen. (Tipp: Am besten kochen Sie die Kartoffeln bereits am Vortag.)

2 Die Kartoffeln zweimal durch die Kartoffelpresse auf die Arbeitsfläche drücken.

3 Die schwarzen und die grünen Oliven fein hacken. Das Mehl über die gehackten Oliven streuen und durchmengen. Die Oliven-Mehl-Mischung zu den gepressten Kartoffeln geben.

4 Den Weizengrieß, das Kartoffelstärkemehl, die Thymian-blättchen, die Eigelb und das Olivenöl zu den Kartoffeln mit den Oliven geben, mit Salz und Pfeffer bestreuen und alles auf der Arbeitsfläche rasch zu einem glatten Teig verkneten.

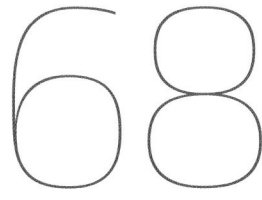

(Fortsetzung von Seite 68)

Für den Serranoschinken
2 Scheiben
Serranoschinken (ca. 80 g)
3 EL Olivenöl
2 EL Butter
3 EL fein gehackte
glatte Petersilie
80 g Parmesan

5 Den Kartoffelteig auf der bemehlten Arbeitsfläche zu einer 5 cm dicken Rolle formen, diese in 1 cm dicke Scheiben schneiden. Die Scheiben zwischen den Handflächen zu 1 cm dicken Rollen formen. Diese Rollen in 1 cm dicke Gnocchi schneiden.

6 Etwa 3 l Wasser in einem Topf zum Kochen bringen, dann salzen. Die Gnocchi in das kochende Wasser gleiten lassen, die Hitze reduzieren und die Gnocchi ca. 5 Minuten ziehen lassen.

7 Den Serranoschinken in feine Streifen schneiden.

8 Das Olivenöl in einer Pfanne leicht erhitzen und die Schinkenstreifen darin kurz anbraten. Dann die Butter hinzugeben und aufschäumen lassen.

9 Die Gnocchi mit dem Schaumlöffel aus dem Wasser heben und kurz abtropfen lassen, dann zu dem Schinken in die Pfanne geben. Alles mit der gehackten Petersilie bestreuen und gut durchschwenken.

10 Die Gnocchi in 4 tiefen Tellern anrichten. Den Parmesan grob darüberhobeln.

Mangalicaschweineragout
mit Berglinsen und Kartoffeln

Zutaten für 4–6 Personen

1 kg Schopfbraten
(Schweinekamm, Halsgrat)
vom Mangalicaschwein
(ungarisches Wollschwein)

1 Zwiebel (ca. 100 g)

6 Knoblauchzehen

5 EL geschmacks-
neutrales Pflanzenöl (z. B.
Sonnenblumenöl) oder
3 EL Schweineschmalz
zum Braten des Fleischs

1 EL ganze Kümmelsamen

875 ml Rinderfond

frisch gemahlener
schwarzer Pfeffer

Salz

5–6 Zweige Thymian oder
2–3 Zweige Bohnenkraut

Zubereitungszeit: ca. 2 Stunden

1 Das Schweinefleisch in etwa 2 cm große Würfel schneiden und zugedeckt etwa 30 Minuten bei Zimmertemperatur ruhen lassen.

2 Die Zwiebel schälen und in kleine Würfel schneiden.

3 Den Knoblauch schälen und grob hacken.

4 Das Öl bzw. das Schmalz in einem großen Topf erhitzen. Den Kümmel darin kurz anschwitzen, dann die Fleischwürfel dazugeben und von allen Seiten anbraten. Anschließend die Zwiebelwürfel und den gehackten Knoblauch hinzufügen. Alles so lange braten, bis der entstandene Fleischsaft gänzlich verkocht ist.

5 Das Ragout mit 500 ml warmem Rinderfond auffüllen und mit etwas Salz und Pfeffer abschmecken.

6 Die Thymian- bzw. Bohnenkrautzweige mit Küchengarn zusammenbinden und in das Ragout geben. Das Ragout bei mittlerer Hitze etwa 45 Minuten im auf 150 °C vorgeheizten Backofen dünsten.

500 g festkochende
Kartoffeln (z. B. Sieglinde
oder La Ratte)

180 g getrocknete
Berglinsen

2 scharfe, luftgetrocknete
Würste (ca. 120 g),
z. B. ungarische Kolbász

1 EL geschmacksneutrales
Pflanzenöl, etwa Sonnen-
blumenöl, zum Anbraten
der Würste

3–4 Stängel
glatte Petersilie, gehackt

(Fortsetzung von Seite 71)

7   Die Kartoffeln schälen und in etwa 2 cm große Würfel
schneiden.

8   Die Berglinsen waschen und gut abtropfen lassen, dann mit
den Kartoffelwürfeln zu dem Ragout geben. Das Ragout mit
dem restlichen Rinderfond (375 ml) auffüllen und weitere
35–40 Minuten schmoren.

9   Den Topf vom Herd nehmen, den Kräuterbund herausnehmen, bei Bedarf noch etwas Rinderfond hinzugeben (falls die
Linsen zu viel Flüssigkeit aufgesaugt haben) und das Ragout
kurz ruhen lassen.

10 Die Würste in ca. 1 cm dicke Scheiben schneiden.

11 Das Sonnenblumenöl in einer Pfanne erhitzen und die Wurst-
scheiben kurz darin anbraten. Die gebratenen Würste unter
das Schweineragout mengen.

12 Das Schweineragout auf 4 vorgewärmten Tellern anrichten
und mit den gehackten Petersilienstängeln bestreuen.

Tipp: Dazu passt würziges Bauernbrot.

Aus dem Topf

Gesottenes Kalbsschulterscherzel mit Bouillonkartoffeln

Zutaten für 4 Personen

Für das Kalbfleisch
1 kg Schulterscherzel vom Kalb (Mittelstück der Schulter, Mittelbug)

3 Schalotten

2 frische Lorbeerblätter

4 Pimentkörner

10 Korianderkörner

Salz

Für die Bouillonkartoffeln
800 g festkochende Minikartoffeln (z. B. La Ratte, Bamberger Hörnchen oder Kipfler)

1 kleine Karotte (ca. 80 g)

100 g Knollensellerie

100 g Lauch

Zubereitungszeit: 1 Stunde 45 Minuten

1 Etwa 3 l Wasser in einen flachen, breiten Topf geben. Das Kalbfleisch, die ungeschälten Schalotten, die Lorbeerblätter, die Piment- und Korianderkörner sowie 1 TL Salz hinzufügen. Das Wasser zum Kochen bringen und das Kalbfleisch bei geringer Hitze im geschlossenen Topf etwa 2 Stunden gar köcheln lassen. Den anfangs entstehenden Schaum immer wieder mit einem Schaumlöffel abschöpfen. (Das Fleisch ist gar, wenn man es mit einem Holzspieß ansticht und sich dieser ganz leicht wieder herausziehen lässt.)

2 Für die Bouillonkartoffeln die Minikartoffeln schälen, bei Bedarf waschen und in 1 cm große Würfel schneiden.

3 Die Karotte und den Knollensellerie putzen und in $1/2$ cm große Würfel schneiden.

4 Den Lauch waschen und in feine Ringe schneiden, diese nochmals halbieren.

20 g Butter

frisch gemahlener
schwarzer Pfeffer

3 EL fein gehackte
glatte Petersilie

125 g Crème fraîche

4 EL Sahne

2 EL Kren (Meerrettich),
frisch gerieben
oder aus dem Glas

5 Die Butter in einem Topf zerlassen. Die Karotten- und Selleriewürfel sowie die Lauchringe darin anschwitzen, dann die
Kartoffelwürfel hinzufügen und alles mit so viel Sud vom
Kalbsschulterscherzel auffüllen, dass die Kartoffeln gerade bedeckt sind. Die Kartoffelbouillon aufkochen und bei
geringer Hitze etwa 15 Minuten kochen lassen. Die Bouillon
anschließend mit Salz und Pfeffer abschmecken, dann die
gehackte Petersilie untermengen.

6 Die Crème fraîche gemeinsam mit der Sahne glatt rühren,
dann mit dem Schneebesen cremig aufschlagen. Den Kren
hinzufügen und die so enstandene Creme mit Salz und Pfeffer abschmecken.

7 Die Hälfte der Bouillon (ca. 400 ml) durch ein Sieb in einen
Topf schütten, auf die Hälfte reduzieren, dann mit Salz abschmecken.

8 Das Kalbfleisch aus dem Sud nehmen, in Tranchen schneiden, in 4 tiefen Tellern anrichten, mit den Bouillonkartoffeln
anrichten und mit der reduzierten Bouillon beträufeln. Die
Kren-Crème-fraîche dazu reichen.

Kartoffeltortilla mit Manchego und grünem Estragonsenf

Zutaten für 4 Personen

Für die Tortilla
1,2 kg festkochende Kartoffeln (z.B. Sieglinde, Linda oder La Ratte)
100 ml Olivenöl
100 g grob geriebener Queso Manchego (Schafsmilchhartkäse aus Kastilien-La Mancha)
Salz
frisch gemahlener schwarzer Pfeffer
3 Eier, verquirlt

Für den Estragonsenf
5 EL Estragonblättchen
2 EL Sonnenblumenöl
120 g Estragonsenf

Zubereitungszeit: 50 Minuten

1 Die Kartoffeln schälen, in ca. 1 cm große Würfel schneiden.

2 Die Hälfte des Olivenöls in einer sehr großen Pfanne leicht erhitzen und die Kartoffelwürfel darin bei geringer Hitze so lange braten, bis sie gar sind.

3 Die garen Kartoffelwürfel mit dem Manchegokäse in eine Schüssel geben, salzen und pfeffern, die verquirlten Eier dazugeben, alles gut vermengen und die Mischung nochmals mit Salz und Pfeffer abschmecken.

4 Das restliche Olivenöl in eine etwas kleinere Pfanne (24 cm Durchmesser) geben, die Kartoffelmischung hineingeben und bei geringer Hitze braten, bis die Eier gestockt sind.

5 Die Tortilla auf eine ausreichend große Platte stürzen und zurück in die Pfanne gleiten lassen. Die Tortilla auf der zweiten Seite 3–4 Minuten braten. Die Tortilla dann wieder auf die Platte stürzen und abkühlen lassen.

6 Für den Estragonsenf die Estragonblättchen mit 3–4 EL heißem Wasser und dem Sonnenblumenöl in einen Rührbecher geben, mit dem Pürierstab fein pürieren und mit dem Senf vermengen.

7 Die Tortilla in Würfel schneiden und mit dem Estragonsenf anrichten.

Kartoffelpuffer mit Mango- und Avocadocreme

Zutaten für 4 Personen

**Für die Mango-
Senf-Creme**
1 reife Mango
125 g Crème fraîche
1 TL mildes Currypulver
$1/2$ TL Chilipaste
1 EL körniger Senf
Salz
frisch gemahlener
schwarzer Pfeffer

Für die Avocadocreme
1 große reife Avocado
100 g Topfen
(Quark, Fettgehalt 20 %)
1 EL frisch gepresster
Zitronensaft
1 kleine Knoblauchzehe,
fein gehackt
Salz
frisch gemahlener
schwarzer Pfeffer

Zubereitungszeit: 40 Minuten

1 Für die Mangocreme die Mango schälen, das Fruchtfleisch vom Kern schneiden und grob würfeln. Die Mangowürfel mit der Crème fraîche, dem Currypulver, der Chilipaste und dem Senf in einen hohen Mixbecher geben und mit dem Pürierstab zu einer feinen Creme pürieren. Die Mangocreme mit Salz und Pfeffer abschmecken, dann kalt stellen.

2 Für die Avocadocreme die Avocado schälen und den Kern herauslösen. Das Avocadofleisch grob schneiden, dann mit dem Topfen, dem Zitronensaft und dem Knoblauch in einen hohen Mixbecher geben und mit dem Pürierstab zu einer feinen Creme pürieren. Die Creme mit Salz und Pfeffer abschmecken, dann kalt stellen.

3 Für die Kartoffelpuffer die Kartoffeln waschen, schälen, nochmals gut waschen und grob in eine Schüssel reiben.

4 Die Zwiebel schälen, grob reiben und mit den Kartoffeln vermengen. Die Mischung in ein Sieb geben, dieses über eine Schüssel stellen und das austretende Kartoffelwasser auffangen. (Das dauert etwa 15 Minuten.)

Für die Kartoffelpuffer
1½ kg fest- bis vorwiegend festkochende Kartoffeln (z. B. Sieglinde, La Ratte oder Heidenreichsteiner Rote)

1 große weiße Gemüsezwiebel

2 Eigelb

frisch geriebene Muskatnuss

Salz

frisch gemahlener schwarzer Pfeffer

4–6 EL neutrales Pflanzenöl zum Ausbacken

5 Das Kartoffelwasser vorsichtig abgießen, sodass die Kartoffelstärke, die sich am Boden der Schüssel abgesetzt hat, zurückbleibt.

6 Die abgetropfte Kartoffel-Zwiebel-Mischung nochmals mit den Händen ausdrücken und dann zu der Stärke in die Schüssel geben und alles gut vermengen. Anschließend die Eigelb hineinrühren und den Kartoffelteig kräftig mit frisch geriebener Muskatnuss, Salz und Pfeffer abschmecken.

7 Für das portionsweise Ausbacken der Kartoffelpuffer jeweils 1 EL Pflanzenöl in einer beschichteten Pfanne erhitzen. Mit einem Esslöffel kleine Portionen vom Pufferteig abnehmen und in die Pfanne geben. Die Teigkleckse leicht flach drücken und die Puffer von jeder Seite etwa 3 Minuten knusprig ausbacken. Die fertig gebackenen Puffer mit dem Pfannenwender herausnehmen und auf Küchenkrepp abtropfen lassen, dann im auf 60 °C vorgeheizten Backofen so lange warm halten, bis alle Puffer ausgebacken sind.

8 Die Kartoffelpuffer mit der Mango- und der Avocadocreme servieren.

81

Speckrösti mit Rotweinschalotten und Reblochon de Savoie

Zutaten für 4 Personen

350 g Reblochon de Savoie
(halbfester Schnittkäse
aus der französischen
Haute Savoie)

Für die Rotweinschalotten

1 EL Olivenöl

400 g kleine Schalotten,
geschält

2 EL brauner Zucker

350 ml trockener Rotwein

4 schwarze Pfefferkörner

2 Zweige Rosmarin

1 EL flüssiger Honig

Salz

frisch gemahlener
schwarzer Pfeffer

Für die Speckrösti

1 kg fest- bis vorwiegend
festkochende Kartoffeln
(z. B. Sieglinde, Laura oder
Heidenreichsteiner Rote)

Salz

30 g Butter

1 Zwiebel, fein gehackt

80 g Pancetta
(oder ähnlich
durchwachsener Speck),
in dünne Streifen
geschnitten

Zubereitungszeit: 1 Stunde

1 Den Käse auf Zimmertemperatur erwärmen lassen.

2 Das Olivenöl in einem Topf erhitzen und die ganzen Schalotten darin von allen Seiten anbraten. Dann den Zucker über die Schalotten streuen und alles gut durchschwenken. Die Schalotten mit dem Rotwein ablöschen, dann die Pfefferkörner hinzufügen und alles bei geringer Hitze 20–30 Minuten köcheln lassen. Den Topf vom Herd nehmen, die Rosmarinnadeln sowie den Honig dazugeben und die Schalotten im verschlossenen Topf 30 Minuten ruhen lassen. Die Rotweinschalotten dann mit Salz und Pfeffer abschmecken.

3 Für die Rösti die Kartoffeln gründlich waschen, in einen Topf geben, mit Wasser bedecken und salzen. Das Wasser zum Kochen bringen und die Kartoffeln darin etwa 20 Minuten bissfest kochen. Die gegarten Kartoffeln durch ein Sieb schütten, gut abtropfen lassen, pellen und abkühlen lassen.

4 Die Butter in einer Pfanne zerlassen und die gehackte Zwiebel darin glasig schwitzen. Auch den Speck darin knusprig braten.

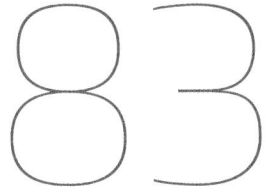

83

frisch gemahlener
schwarzer Pfeffer

4 EL geschmacksneutrales
Pflanzenöl, z. B. Sonnen-
blumenöl oder Maiskeimöl

(Fortsetzung von Seite 83)

5   Die abgekühlten Kartoffeln grob raspeln und in eine Schüs-
    sel geben. Die Zwiebel-Speck-Mischung darübergeben, gut
    vermengen und mit Salz und Pfeffer abschmecken.

6   Das Pflanzenöl in einer Pfanne leicht erhitzen. Mit einem
    Esslöffel kleine Portionen von der Kartoffel-Speck-Mi-
    schung abnehmen und in die Pfanne setzen. Die Kleckse zu
    Röstitalern flach drücken und diese bei mittlerer Hitze von
    beiden Seiten knusprig braten.

7   Die fertigen Röstitaler mit den Rotweinschalotten und dem
    in Stücke geschnittenen Reblochon de Savoie anrichten und
    servieren.

Aus der Pfanne

Gestürzter Kartoffelkuchen »Bombay« mit Chilijoghurt

Zutaten für 4 Personen

Für den Kartoffelkuchen
400 g festkochende Kartoffeln
(z. B. Sieglinde, Laura oder Ditta)
200 g Süßkartoffeln
$\frac{1}{2}$ EL Kurkumapulver
Salz
frisch gemahlener schwarzer Pfeffer
1 Zwiebel
1 TL Senfkörner
1 TL Kreuzkümmelsamen
2 EL Sonnenblumenöl
3 Knoblauchzehen, fein gehackt
1–2 EL Sesamöl zum Braten

Für den Chilijoghurt
250 g Naturjoghurt
(3,5 % Fettgehalt)
3 EL Olivenöl extra vergine
1 TL Chilipaste
1 TL Honig
Salz
frisch gemahlener schwarzer Pfeffer

Zubereitungszeit: 40 Minuten

1 Die Kartoffeln und Süßkartoffeln schälen und grob in eine Schüssel raspeln. Das Kurkumapulver untermengen und die Raspeln mit Salz und Pfeffer würzen.

2 Die Zwiebel schälen und sehr fein schneiden.

3 Die Senfkörner und die Kreuzkümmelsamen in einer trockenen Pfanne erhitzen und so lange rösten, bis sie zu »springen« beginnen.

4 Dann das Sonnenblumenöl über die gerösteten Gewürze geben, den Knoblauch und die Zwiebelstücke hinzufügen, alles 1–2 Minuten anschwitzen. Dann den gesamten Pfanneninhalt zu den Kartoffelraspeln geben und gut durchmengen.

5 Das Sesamöl in einer Pfanne erhitzen. Die Kartoffelraspeln in die Pfanne geben, flach drücken und bei mittlerer Hitze 6–8 Minuten braten. Diesen Kuchen auf einen Teller stürzen, in die Pfanne wenden und weitere 6–8 Minuten fertigbraten.

6 Für den Chilijoghurt den Joghurt mit dem Olivenöl glatt rühren, die Chilipaste und den Honig hineinrühren und den Chilijoghurt mit Salz und Pfeffer abschmecken.

7 Den fertigen Kartoffelkuchen auf eine Servierplatte stürzen, in Stücke schneiden und mit dem Chilijoghurt anrichten.

Tipp: Servieren Sie eine reife, in Spalten geschnittene Mango zu dem Kartoffelkuchen.

85

Gebratene Kartoffelblätter mit Rahmsauerkraut

Zutaten für 4 Personen

Für die gebratenen Kartoffelblätter
500 g mehlig oder vorwiegend festkochende Kartoffeln (z. B. Hermes, Bintje oder Rotaugerl)
Salz
80 g Weizenmehl (Type 405)
2 Eigelb
50 g weiche Butter
frisch geriebene Muskatnuss
Salz
frisch gemahlener schwarzer Pfeffer
etwas Weizenmehl für die Arbeitsfläche
500 g Butterschmalz

Zubereitungszeit: 1 Stunde 20 Minuten

1   Die Kartoffeln schälen (es werden 300 g geschälte Kartoffeln benötigt), vierteln, in einen Topf geben, mit Wasser bedecken und salzen. Das Wasser zum Kochen bringen und die Kartoffeln darin weich kochen. Die weichen Kartoffeln durch ein Sieb schütten, zurück in den offenen Topf geben und den Topf auf den ausgeschalteten Ofen stellen. Die Kartoffeln ausdampfen lassen, bis sie ganz trocken sind.

2   Die Kartoffeln dann zweimal durch die Kartoffelpresse in eine Schüssel drücken. Das Mehl, die Eigelb und die weiche Butter hinzufügen. Mit frisch geriebener Muskatnuss, Salz und Pfeffer würzen, dann alles rasch zu einem gebundenen Teig verkneten.

3   Den Teig auf einer bemehlten Arbeitsfläche etwa $1/2$ cm dick ausrollen, dann in Rechtecke (ca. 5 x 8 cm) schneiden.

4   So viel Butterschmalz in einer Pfanne erhitzen, dass es 3 cm hoch steht. Die Kartoffelblätter darin von beiden Seiten knusprig ausbacken. Die ausgebackenen Kartoffelblätter mit dem Schaumlöffel aus der Pfanne nehmen und auf Küchenkrepp abtropfen lassen.

(Fortsetzung von Seite 87)

Für das Rahmsauerkraut
400 g rohes Sauerkraut
(am besten im »Sackerl«)

1 Zwiebel

20 g Butter

500 ml Rindersuppe

1 frisches Lorbeerblatt

3 Pfefferkörner

1 Knoblauchzehe,
fein gehackt

1 TL Kristallzucker

4 EL Sauerrahm
(saure Sahne,
15 % Fettgehalt)

4 EL Sahne

Salz

frisch gemahlener
schwarzer Pfeffer

4 EL Schnittlauchröllchen

5   Für das Rahmsauerkraut das Sauerkraut in warmem Wasser abspülen, dann gut abtropfen lassen.

6   Die Zwiebel schälen und in kleine Würfel schneiden.

7   Die Butter in einer Pfanne zerlassen und die Zwiebeln darin anschwitzen. Dann das Sauerkraut hinzufügen und mit der Rindersuppe aufgießen. Das Lorbeerblatt, die Pfefferkörner, den Knoblauch und den Zucker hinzufügen, dann das Sauerkraut 30 Minuten köcheln lassen. Anschließend den Topf vom Herd nehmen.

8   Den Sauerrahm mit der Sahne glatt rühren und unter das Sauerkraut mengen. Das Rahmkraut mit Zucker, Salz und Pfeffer abschmecken.

9   Das Rahmkraut auf 4 Teller geben, die Kartoffelblätter darauf anrichten und alles mit den Schnittlauchröllchen bestreuen.

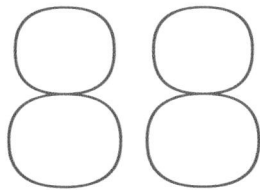

Kartoffel-Steinpilz-Rösti mit luftgetrocknetem Wildschweinschinken

Zutaten für 4 Personen

400 g festkochende Kartoffeln (z. B. Sieglinde oder La Ratte)

Salz

200 g frische Steinpilze

1 Schalotte

3 EL Butter

2 Zweige Rosmarin

3 Knoblauchzehen, fein gehackt

1 Ei

frisch gemahlener schwarzer Pfeffer

etwas Sonnenblumenöl zum Braten

250 ml Sauerrahm (saure Sahne, 15 % Fettgehalt) oder Crème fraîche

250 g luftgetrockneter Wildschweinschinken, dünn aufgeschnitten

Zubereitungszeit: 40 Minuten

1 Die Kartoffeln schälen, grob raspeln und leicht salzen.

2 Die Steinpilze putzen und in feine Scheiben schneiden.

3 Die Schalotte schälen und fein hacken.

4 Die Butter in einer Pfanne zerlassen und die Schalottenwürfel darin anschwitzen, dann die Steinpilze hinzufügen und unter mehrmaligem Wenden 5–6 Minuten mitschwitzen.

5 Die geraspelten Kartoffeln mit den Händen leicht ausdrücken, in eine Schüssel geben und mit den angebratenen Steinpilzen und Schalotten vermengen.

6 Die Rosmarinnadeln abstreifen, grob hacken und mit dem Knoblauch sowie dem Ei zu der Kartoffel-Steinpilz-Mischung geben, alles gut vermengen und kräftig mit Salz und Pfeffer abschmecken.

7 Das Sonnenblumenöl in einer Pfanne leicht erhitzen. Je 3–4 EL Kartoffel-Steinpilz-Mischung in die Pfanne geben und zu kleinen Röstitalern flachdrücken. Diese Röstitaler von beiden Seiten knusprig ausbacken, dann aus der Pfanne nehmen und auf Küchenkrepp abtropfen lassen.

8 Die Röstitaler auf 4 Tellern anrichten, jeweils 1 EL Sauerrahm oder Crème fraîche daraufgeben und mit Wildschweinschinken belegen.

Tipp: Die Röstitaler passen auch als Beilage zu gebratenen oder geschmorten Wildgerichten.

89

Kartoffel-Kürbis-Curry aus dem Wok

350 g kleine, runde festkochende Kartoffeln (z. B. Sieglinde, Linda oder Ditta)

Salz

1 Hokkaidokürbis (ca. 900 g)

2 weiße Gemüsezwiebeln

3 EL Sesamöl

2–3 EL rote (oder grüne) Currypaste (erhältlich im Asialaden oder im gut sortierten Supermarkt)

1 TL Koriandersamen

400 ml ungesüßte Kokosmilch

1 rote Chilischote, nicht entkernt, fein gehackt

150 g Kirschtomaten

1–2 EL frisch gepresster Zitronensaft

Korianderblättchen zum Garnieren

Zubereitungszeit: 40 Minuten

1. Die Kartoffeln waschen, in einen Topf geben, mit Wasser bedecken und salzen. Das Wasser zum Kochen bringen und die Kartoffeln darin 10–12 Minuten bissfest kochen. Die weichen Kartoffeln durch ein Sieb schütten, gut abtropfen und abkühlen lassen. Die abgekühlten Kartoffeln pellen, halbieren oder vierteln.

2. Den Kürbis waschen, halbieren, entkernen und in ca. 2 cm dicke Würfel schneiden.

3. Die Zwiebeln schälen und in große Würfel schneiden.

4. Den Wok erhitzen, das Sesamöl hineingeben und die Currypaste darin 1–2 Minuten anbraten. Dann die Zwiebelwürfel hinzufügen und anschwitzen.

5. Die Kürbiswürfel im Wok 1–2 Minuten mitbraten.

6. Dann die Koriandersamen hinzufügen und das Wokgemüse gut durchrühren, dann mit der Kokosmilch aufgießen.

7. Die gehackte rote Chilischote in den Wok geben und das Curry salzen. Dann das Curry aufkochen und 5–6 Minuten köcheln lassen.

8. Die Tomaten waschen, halbieren und mit den Kartoffelstücken in den Wok geben. Das Curry weitere 7–8 Minuten köcheln lassen. (Sollte das Curry zu dickflüssig werden, verdünnen Sie es mit etwas Gemüsebouillon oder Wasser.)

9. Das fertige Curry bei Bedarf nochmals mit Salz abschmecken und mit Zitronensaft vollenden.

10. Das Curry in 4 tiefen Tellern anrichten und mit dem Koriandergrün garnieren.

Tipp: Servieren Sie hierzu gebratene Scampi oder Lachsfilets.

Gebratene Kartoffel-Fleisch-Bällchen in Parmesanpanade mit Schnittlauchrahm

Zutaten für 4 Personen

Für die Hackfleischbällchen

500 g mehligkochende Kartoffeln (z. B. Hermes, Bintje oder Agria)

Salz

3 EL geschmacksneutrales Pflanzenöl (z. B. Sonnenblumenöl)

150 g gemischtes Hackfleisch

5 EL gehackte glatte Petersilie

5 Knoblauchzehen, zerdrückt

$\frac{1}{2}$ TL getrockneter Majoran

1 TL edelsüßes Paprikapulver

1 Prise gemahlener Kümmel

Salz

frisch gemahlener schwarzer Pfeffer

130 g Semmelbrösel

120 g Parmesan, gerieben

120 g Weizenmehl (Type 405)

3 Eier

Zubereitungszeit: 40 Minuten

1 Die Kartoffeln gründlich waschen, in einen Topf geben, mit Wasser bedecken und salzen. Das Wasser zum Kochen bringen und die Kartoffeln darin weich kochen. Die weichen Kartoffeln durch ein Sieb schütten, gut abtropfen lassen und pellen. Die Kartoffeln noch heiß mit einer Gabel grob zerdrücken und in eine Schüssel geben.

2 Das Pflanzenöl in einer Pfanne erhitzen und das Hackfleisch darin von allen Seiten anbraten (das Fleisch dabei mit einer Gabel zerteilen), dann die zerdrückten Kartoffeln dazugeben und gut durchmischen.

3 Die Petersilie, den Knoblauch, den Majoran, das Paprikapulver und den Kümmel untermengen, die Kartoffel-Fleisch-Mischung mit Salz und Pfeffer abschmecken und gründlich vermengen.

4 Die Semmelbrösel mit dem Parmesan vermengen.

5 Aus dem etwas abgekühlten Kartoffel-Fleisch-Teig mit angefeuchteten Händen kleine Bällchen formen. Diese zuerst in dem Mehl, dann in dem verquirlten Ei und zuletzt in den Parmesanbröseln wälzen.

375 ml geschmacks-
neutrales Pflanzenöl oder
300 g Butterschmalz
zum Ausbacken

Für den Schnittlauchrahm
250 g Sauerrahm
(saure Sahne,
15 % Fettgehalt)

250 g Naturjoghurt
(3,5 % Fettgehalt)

3 EL Olivenöl extra vergine

$\frac{1}{2}$ TL Abrieb von 1 unbehandelten Zitrone

2 Bund Schnittlauch

Salz

frisch gemahlener
schwarzer Pfeffer

6 Das Butterschmalz oder das Pflanzenöl in einer Pfanne erhitzen und die Kartoffel-Fleisch-Bällchen darin von allen Seiten ausbacken. Die frittierten Bällchen mit dem Schaum-löffel aus der Pfanne nehmen und auf Küchenkrepp abtrop-fen lassen.

7 Für den Schnittlauchrahm den Sauerrahm mit dem Joghurt, dem Olivenöl und dem feinen Zitronenabrieb glatt rühren.

8 Den Schnittlauch in feine Röllchen schneiden, diese unter die Sauerrahmcreme mengen. Den Schnittlauchrahm mit Salz und Pfeffer abschmecken.

9 Die Kartoffel-Fleisch-Bällchen mit dem Schnittlauchrahm servieren.

Gebratene Sardinen
mit Kartoffel-Zitronen-Füllung

Zutaten für 4 Personen

300 g mehlig- bis vor-
wiegend festkochende
Kartoffeln (z. B. Hermes,
Bintje oder Rotaugerl)

Salz

2 EL weiche Butter

1 EL Semmelbrösel

3 unbehandelte Zitronen

1 Msp. gemahlener Zimt

1 EL scharfe Chilisauce

8 küchenfertige Sardinen

etwas Weizenmehl
zum Mehlieren

1–2 EL Olivenöl
zum Braten

3 EL Olivenöl etxra vergine

1 EL grob geschroteter
schwarzer Pfeffer

Zubereitungszeit: 40 Minuten

1 Die Kartoffeln schälen und vierteln, in einen Topf geben, mit Wasser bedecken und salzen. Das Wasser zum Kochen bringen und die Kartoffeln darin weich kochen. Die weichen Kartoffeln durch ein Sieb schütten und gut abtropfen lassen. Die Kartoffeln noch heiß mit einem Kartoffelstampfer oder einer Gabel zerdrücken.

2 Die Kartoffeln mit der weichen Butter, den Semmelbröseln, dem feinen Abrieb von $1/2$ Zitrone, 2 EL frisch gepresstem Zitronensaft, dem Zimt und der Chilisauce vermengen. Die Kartoffelmasse mit Salz abschmecken.

3 Die Sardinen innen und außen leicht salzen. Die Kartoffel-Zitronen-Füllung in die Bauchhöhlen der Sardinen geben. Die Öffnungen leicht zusammendrücken und die Sardinen mehlieren.

4 Das Olivenöl in einer großen Pfanne erhitzen und die Sardinen darin von jeder Seite etwa 2–3 Minuten braten. Die Sardinen dann aus der Pfanne nehmen und auf eine Platte legen.

5 1 ungeschälte Zitrone in feine Scheiben schneiden. Die Zitronenscheiben kurz in dem Bratensatz anbraten.

6 Den Saft von $1\,1/2$ Zitronen mit dem Olivenöl extra vergine und dem grob geschroteten Pfeffer verrühren.

7 Die Sardinen mit den gebratenen Zitronenscheiben auf 4 Tellern anrichten und mit dem Zitronen-Oliven-Öl beträufeln.

Tipp: Dazu passt gedünsteter Mangold oder Blattspinat.

Kartoffel-Sesam-Burger mit Garnelen und Avocados

Zutaten für 4 Personen

2 gleich große
festkochende Kartoffeln
(ca. 500 g, z. B. Ditta
oder Laura)

Salz

2 reife Avocados
(ca. 350 g Fruchtfleisch)

Saft von 1 Limette

2 EL Crème fraîche

frisch gemahlener
schwarzer Pfeffer

400 g geschälte rohe
Garnelenschwänze

1 TL Harissa
(oder eine ähnlich
scharfe Würzpaste)

1 EL Currypulver

1 TL frisch
gehackter Ingwer

Zubereitungszeit: 1 Stunde

1   Die Kartoffeln gründlich waschen, in einen Topf geben,
mit Wasser bedecken und salzen. Das Wasser zum Kochen
bringen und die Kartoffeln darin etwa 20 Minuten bissfest
kochen. Die weichen Kartoffeln durch ein Sieb schütten, gut
abtropfen und abkühlen lassen.

2   Die Avocados schälen und die Kerne herauslösen. Das
Avocadofruchtfleisch mit dem frisch gepressten Limettensaft und der Crème fraîche in einen hohen Mixbecher geben
und mit dem Pürierstab zu einer feinen Creme mixen. Die
Creme mit Salz und Pfeffer abschmecken und kalt stellen.

3   Die Garnelenschwänze putzen und klein schneiden, dann mit
der Harissa, dem Curry und dem Ingwer im Mixaufsatz der
Küchenmaschine rasch grob pürieren. Die Mischung mit Salz
und Pfeffer abschmecken und zu 4 flachen Laibchen formen.

3–4 EL Sesamöl
4–5 EL Sonnenblumenöl
2 EL Sesamsaat
einige Koriander- oder
Petersilienblättchen
zum Garnieren

4   Das Sesamöl in einer Pfanne erhitzen und die Garnelenlaibchen darin von beiden Seiten 2 Minuten anbraten, dann
im auf 50 °C vorgeheizten Backofen warm halten.

5   Die ungeschälten Kartoffeln der Länge nach in 1 cm breite
Scheiben schneiden.

6   Das Sonnenblumenöl in einer Pfanne erhitzen und die
Kartoffelscheiben darin von beiden Seiten knusprig braten,
dann mit der Sesamsaat bestreuen.

7   Die Kartoffelscheiben mit der Avocadocreme und den
Garnelenlaibchen zu »Burgern« zusammensetzen, diese mit
den Koriander- oder Petersilienblättchen garnieren.

97

Gebratener Saibling auf lauwarmem Kartoffelragout in Zitrusfond

Zutaten für 4 Personen

Für das Kartoffelragout
700 g vorwiegend fest-
kochende bis festkochen-
de Kartoffeln (z. B. Tosca,
La Ratte, Linda
oder Sieglinde)
2 Schalotten
1 Zucchini (ca. 120 g)
10 EL Olivenöl
150 ml Gemüsebouillon
1 TL Estragonsenf
Saft von 1 Zitrone
Salz
frisch gemahlener
schwarzer Pfeffer
1 EL fein geschnittene
Basilikumblättchen

Für den Saibling
4 Saiblingsfilets
(mit Haut, à ca. 120 g)
Salz
grob geschroteter
schwarzer Pfeffer
etwas Weizenmehl zum
Mehlieren
4 EL Sonnenblumenöl
3–4 Zweige Zitronen-
thymian
1 EL Butter
Saft von 1 Zitrone

Zubereitungszeit: 1 Stunde

1 Die Kartoffeln schälen und in etwa $\frac{1}{2}$ cm große Würfel schneiden.

2 Die Schalotten schälen und in kleine Würfel schneiden.

3 Die Zucchini gründlich waschen, trocknen und ebenfalls in etwa $\frac{1}{2}$ cm große Würfel schneiden.

4 6 EL Olivenöl in einer großen Pfanne erhitzen und die Schalottenwürfel darin anschwitzen. Dann die Kartoffelwürfel hinzufügen und unter mehrmaligem Wenden mitschwitzen. Nun die Zucchiniwürfel dazugeben, alles gut durchschwenken und mit der Gemüsebouillon aufgießen. Das Ragout bei mittlerer Hitze etwa 20 Minuten köcheln lassen. (Wenn nötig, noch etwas Gemüsebouillon zugeben.)

5 Dann den Senf und den frisch gepressten Zitronensaft hinzufügen, das Ragout mit Salz und Pfeffer abschmecken. Die Pfanne vom Herd nehmen und alles etwas abkühlen lassen, anschließend das Basilikum und die restlichen 4 EL Olivenöl untermengen.

6 Die Saiblingsfilets auf beiden Seiten mit Salz und Pfeffer bestreuen und auf den Hautseiten mehlieren.

7 Das Sonnenblumenöl in eine Pfanne geben und leicht erhitzen. Die Saiblingsfilets mit der Hautseite nach unten bei mittlerer Hitze so lange braten, bis die Filets oben nur noch leicht glasig sind. Die Pfanne vom Herd nehmen, die Filets wenden, den Zitronenthymian, die Butter und den frisch gepressten Zitronensaft in die Pfanne geben und kurz ziehen lassen.

8 Das lauwarme Kartoffelragout in 4 tiefen Tellern anrichten, die Saiblingsfilets daraufsetzen und mit dem beim Braten entstandenen Zitrusfond beträufeln.

98

Gebratener Waller mit Pastisfenchel und Kartoffel-Knoblauch-Püree

Zutaten für 4 Personen

Für den Pastisfenchel
1 große Fenchelknolle
2 EL Olivenöl
50 ml Pastis (Anisschnaps)
125 ml Gemüsesuppe
Salz
frisch gemahlener schwarzer Pfeffer

Für das Kartoffel-Knoblauch-Püree
500 g mehligkochende Kartoffeln (z. B. Hermes oder Agria)
4 Knoblauchzehen, geschält
200 ml Vollmilch
5–6 EL Olivenöl
Salz
Abrieb von 1/4 unbehandelten Zitrone

Zubereitungszeit: 1 Stunde 20 Minuten

1. Für den Pastisfenchel den Fenchel putzen, halbieren, den Strunk herausschneiden und die Fenchelknolle der Länge nach achteln.

2. Das Olivenöl in einer Pfanne erhitzen und den Fenchel darin anbraten, dann mit dem Pastis ablöschen und mit der Gemüsesuppe auffüllen, mit Salz und Pfeffer abschmecken. Den Fenchel in der geschlossenen Pfanne weich garen. Dann die Pfanne vom Herd nehmen und beiseitestellen.

3. Für das Knoblauchpüree die Kartoffeln schälen, vierteln, mit den Knoblauchzehen in einen Topf geben, mit Wasser bedecken und salzen. Das Wasser zum Kochen bringen und die Kartoffeln darin weich kochen. Die weichen Kartoffeln und den Knoblauch durch ein Sieb schütten, dann zurück in den Topf geben. Die Kartoffeln und den Knoblauch noch heiß mit einem Kartoffelstampfer fein zerstampfen.

4. Die Milch erwärmen, dann mit dem Olivenöl vermischen. Die Olivenölmilch mit Salz und dem feinen Zitronenabrieb abschmecken. Die Mischung im auf 60 °C vorgeheizten Backofen warm halten.

Für den Waller
4 dicke Wallerfilets
(mit Haut und entgrätet,
à ca. 140–160 g)
Salz
frisch gemahlener
schwarzer Pfeffer
2 EL Sonnenblumenöl
2 EL Butter

5 Für den gebratenen Waller die Wallerfilets mit Salz und Pfeffer bestreuen.

6 Das Sonnenblumenöl in eine beschichtete Pfanne geben und die Wallerfilets mit der Hautseite nach unten in die kalte Pfanne legen. Die Pfanne bei mittlerer Hitze auf den Herd stellen und die Wallerfilets 5–6 Minuten glasig braten.

7 Dann die Butter in die Pfanne geben und aufschäumen. Die Wallerfilets 1 Minute weiterbraten, dabei hin und wieder mit dem Bratfett übergießen.

8 Den Pastisfenchel in der Pfanne nochmals kurz erwärmen, dann mit dem Kartoffel-Knoblauch-Püree und den gebratenen Wallerfilets anrichten.

Blutwurst-Kartoffel-Türmchen mit scharfer Olivengremolata

Zutaten für 4 Personen

Für die Olivengremolata
50 g schwarze, entsteinte Oliven
4 EL Olivenöl extra vergine
4 EL gehackte glatte Petersilie
Abrieb von $1/4$ unbehandelten Zitrone
Cayennepfeffer
Salz
frisch gemahlener schwarzer Pfeffer

Für die Kartoffel-Blutwurst-Türmchen
400 g mehligkochende Kartoffeln (z. B. Agria, Waldviertler Scheckerl oder Hermes)
Salz
60 g weiche Butter
1 Prise frisch geriebene Muskatnuss
250 g Blutwurst
etwas Weizenmehl zum Mehlieren
etwas Sonnenblumenöl zum Braten
frisch geriebener Kren
glatte Petersilie

Zubereitungszeit: 50 Minuten

1 Für die Gremolata die Oliven sehr fein hacken und mit dem Olivenöl und der Petersilie vermengen. Den feinen Zitronenabrieb untermengen und die Gremolata mit Cayennepfeffer, Salz und Pfeffer abschmecken.

2 Die Kartoffeln waschen, in einen Topf geben, mit Wasser bedecken und salzen. Das Wasser zum Kochen bringen und die Kartoffeln darin weich kochen. Die weichen Kartoffeln durch ein Sieb schütten, gut abtropfen lassen und pellen. Die Kartoffeln noch heiß mit einer Gabel zerdrücken. Die weiche Butter zu der Kartoffelmasse geben und gut vermengen. Die Masse mit Salz und 1 Prise Muskatnuss abschmecken und warm stellen.

3 Die Blutwurst in 1 cm dicke Scheiben schneiden und beidseitig mehlieren.

4 Das Sonnenblumenöl in einer Pfanne erhitzen und die Blutwurstscheiben darin von beiden Seiten knusprig braten.

5 Die Blutwurstscheiben mit der Gremolata und dem Kartoffelstampf abwechselnd zu »Türmchen« zusammensetzen. Jedes mit 1 Scheibe Blutwurst abschließen. Darauf die restliche Gremolata geben. Die Türmchen auf 4 vorgewärmten Tellern anrichten, mit dem frisch geriebenen Kren und der Petersilie garnieren, dann servieren.

Schupfnudeln mit weißem Mohn und Speck

Zutaten für 4 Personen

Für die Schupfnudeln
500 g mehligkochende Kartoffeln (z. B. Hermes, Bintje oder Agria)
Salz
3 Eigelb
1 EL weiche Butter
2 EL Weichweizengrieß
2 EL Weizenstärke
60 g Weizenmehl (Type 405)
frisch geriebene Muskatnuss
etwas Weizenmehl für die Arbeitsfläche

Zubereitungszeit: 1 Stunde 20 Minuten

1 Für den Schupfnudelteig die Kartoffeln gründlich waschen, in einen Topf geben, mit Wasser bedecken und salzen. Das Wasser zum Kochen bringen und die Kartoffeln darin weich kochen. Die weichen Kartoffeln durch ein Sieb schütten, gut abtropfen lassen, pellen und noch heiß zweimal durch die Kartoffelpresse drücken. Die Kartoffelmasse leicht abkühlen lassen.

2 Die noch warme Kartoffelmasse auf eine Arbeitsfläche geben und mit den Eigelb, der weichen Butter, dem Weizengrieß, der Stärke und dem Mehl locker vermengen. Dann etwas Salz und frisch geriebene Muskatnuss hinzufügen und alles rasch zu einem gebundenen Teig verkneten.

3 Den Teig auf der bemehlten Arbeitsfläche zu einer 4 cm langen Rolle formen, diese in 1 cm lange Stücke schneiden. Aus diesen Stücken mit bemehlten Händen Schupfnudeln formen.

4 Reichlich Wasser in einem großen Topf zum Kochen bringen, dann salzen. Die Schupfnudeln am besten portionsweise in das kochende Salzwasser geben und bei geringer Hitze gar ziehen lassen. (Die Schupfnudeln sind gar, wenn sie an der Wasseroberfläche schwimmen.)

105

(Fortsetzung von Seite 105)

**Für den Mohn
und den Speck**
160 g geräucherter Speck
4 EL Sonnenblumenöl
3 EL fein gehackte
glatte Petersilie
1 Knoblauchzehe,
fein gehackt
4 EL Butter
2 EL weiße Mohnsamen
(z. B. aus dem Waldviertel)

5 Die garen Schupfnudeln mit dem Schaumlöffel in ein Sieb geben, mit etwas kaltem Wasser abschrecken, dann gründlich abtropfen lassen.

6 Den Speck in dünne Streifen schneiden.

7 1 EL des Sonnenblumenöls in einer Pfanne erhitzen und die Speckstreifen darin knusprig braten. Dann die Pfanne vom Herd nehmen und die Petersilie sowie den gehackten Knoblauch hinzufügen.

8 Das restliche Sonnenblumenöl in einer beschichteten Pfanne leicht erhitzen und 2 EL Butter darin aufschäumen. Dann die Hälfte der abgetropften Schupfnudeln in die Pfanne geben, mit 1 EL Mohnsamen bestreuen und die Schupfnudeln von allen Seiten goldbraun backen. Die fertig gebratenen Schupfnudeln im auf 50 °C vorgeheizten Backofen warm halten. Auf diese Weise auch die restlichen Schupfnudeln braten.

9 Zum Schluss sämtliche Schupfnudeln in eine Pfanne geben. Die Speck-Petersilien-Mischung darübergeben und alles locker vermengen. Die Schupfnudeln 2–3 Minuten braten, dann auf 4 Teller verteilen und servieren.

Tipp: Zu diesen Schupfnudeln passt grüner Salat.

Roastbeef mit Süßkartoffel-Kren-Püree und Shiitake-Pilzen

Zutaten für 4 Personen

Für das Roastbeef
4 Scheiben Roastbeef
(à 250 g)
Salz
grob geschroteter
schwarzer Pfeffer
2–3 EL Olivenöl

**Für das
Süßkartoffel-Kren-Püree**
1 kg mehligkochende
Kartoffeln (z. B. Hermes,
Agria oder Bintje)
1 große Süßkartoffel
(ca. 350 g)
Salz
80 g weiche Butter
2 EL Olivenöl extra vergine
1 EL Kren (Meerrettich,
frisch gerieben
oder aus dem Glas)

Für die Shiitake-Pilze
150 g küchenfertige
Shiitake-Pilze
3 EL geschmacksneutrales
Pflanzenöl (z. B. Sonnen-
blumenöl)
20 g Butter
Salz
frisch gemahlener
schwarzer Pfeffer

Zubereitungszeit: 50 Minuten

1   Die Roastbeefscheiben mit Salz und grob geschrotetem Pfeffer bestreuen und mit dem Olivenöl bestreichen, dann in eine flache Auflaufform legen und im auf 60 °C vorgeheizten Backofen etwa 30 Minuten garen.

2   Für das Püree die Kartoffeln und die Süßkartoffel schälen, in Würfel schneiden, in einen Topf geben, mit Wasser bedecken und salzen. Das Wasser zum Kochen bringen und die Kartoffeln darin weich kochen. Die Kartoffeln durch ein Sieb schütten, zurück in den Topf geben und den offenen Topf auf die abgeschaltete Herdplatte stellen. Die Kartoffeln bei geringer Hitze ausdampfen lassen, bis sie ganz trocken sind.

3   Die Kartoffeln dann durch die Kartoffelpresse in eine Schüssel drücken. Die weiche Butter, das Olivenöl und den Kren zu den zerdrückten Kartoffeln geben und mit einem Schneebesen gut verrühren. Das Püree mit Salz abschmecken.

4   Die Shiitake-Pilze in $1/2$ cm dicke Scheiben schneiden.

5   Das Pflanzenöl in einer Pfanne erhitzen und die Butter darin aufschäumen. Die im Ofen vorgegarten Roastbeefscheiben darin von jeder Seite $1\frac{1}{2}$ Minuten anbraten. Die Roastbeefscheiben dann aus der Pfanne nehmen und auf einem vorgewärmten Teller zugedeckt 5 Minuten ruhen lassen.

6   Die Pilze in dem Bratensatz scharf anbraten, dann leicht salzen und pfeffern.

7   Die Roastbeefscheiben in 2 cm dicke Tranchen schneiden und mit dem Süßkartoffel-Kren-Püree und den Pilzen anrichten.

107

Butterschnitzel mit Kartoffelpüree

Zutaten für 4 Personen

Für die Butterschnitzel
8 Scheiben
entrindetes Toastbrot
250 ml lauwarme Vollmilch
500 g Kalbfleisch,
zweimal durch den
Fleischwolf gedreht
1 Eigelb
3 EL gehackte
glatte Petersilie
125 ml Sahne
Salz
frisch gemahlener
schwarzer Pfeffer
frisch geriebene
Muskatnuss
1 Msp. feiner Abrieb von
1 unbehandelten Zitrone
3 EL Sonnenblumenöl
30 g Butter
125 ml Kalbsfond oder
Rindersuppe
40 g kalte Butterflocken
zum Montieren

Zubereitungszeit: 1 Stunde

1   Für die Butterschnitzel das Toastbrot in große Würfel
schneiden, mit der lauwarmen Milch übergießen und etwa
5 Minuten ziehen lassen.

2   Das Kalbfleisch in eine Schüssel geben und mit dem Eigelb,
der Petersilie und der Sahne vermengen.

3   Das eingeweichte Toastbrot ausdrücken, mit einer Gabel
leicht zerdrücken und mit der Kalbfleischmasse vermengen.
Den Fleischteig mit Salz, Pfeffer, 1 Prise Muskatnuss und
mit feinem Zitronenabrieb abschmecken.

4   Aus dem Fleischteig 4 ovale Laibchen formen.

5   Das Sonnenblumenöl in einer Pfanne erhitzen und die Butter
darin aufschäumen. Die Fleischlaibchen bei mittlerer Hitze
von jeder Seite etwa 4 Minuten langsam darin anbraten. Die
Fleischlaibchen dann aus der Pfanne nehmen.

6   Den Bratensatz in der Pfanne mit dem Kalbsfond (bzw. der
Rindersuppe) loskochen, dann 1–2 Minuten reduzieren.

7   Die Pfanne vom Herd nehmen. Die kalten Butterflocken in
die Sauce geben und mit einem Schneebesen einarbeiten,
bis sie sich vollständig aufgelöst haben. Die Fleischlaibchen
in die Sauce legen und im auf 60 °C vorgeheizten Backofen
warm halten.

(Fortsetzung von Seite 108)

Für das Kartoffelpüree
1 kg mehligkochende Kartoffeln (z. B. Hermes, Agria oder Melody)
1 TL Salz
200–250 ml Vollmilch
100 g weiche Butterflocken
Salz
frisch geriebene Muskatnuss

8   Für das Kartoffelpüree die Kartoffeln schälen (es werden 750 g geschälte Kartoffeln benötigt), vierteln, in einen Topf geben, mit Wasser bedecken und salzen. Das Wasser zum Kochen bringen und die Kartoffeln darin weich kochen. Die weichen Kartoffeln durch ein Sieb schütten, zurück in den Topf geben und den Topf auf den Herd stellen. Die Kartoffeln bei geringer Hitze ausdampfen lassen, bis sie ganz trocken sind und die weiße Stärke sichtbar wird.

9   Die Kartoffeln dann durch die Kartoffelpresse drücken oder sehr fein zerstampfen.

10   Die Milch erwärmen. Die Hälfte der warmen Milch über die Kartoffelmasse geben und verrühren. Die weichen Butterflocken gründlich in das Püree rühren, das Püree dann mit der restlichen Milch zu der gewünschten Konsistenz rühren. Das fertige Püree mit Salz und etwas frisch geriebener Muskatnuss abschmecken.

11   Die Butterschnitzel mit der Sauce und dem Püree auf 4 vorgewärmten Tellern anrichten.

Info: Diese Butterschnitzel sind eine Variante der »faschierten Laibchen« – und damit ein klassisches Wiener Sonntagsgericht.

Bauernomelette mit Knusper-Lardo

Zutaten für 2 Personen

400 g festkochende
Kartoffeln (z. B. Sieglinde,
Ditta oder La Ratte)

Salz

2 Zwiebeln

1 rote Paprikaschote

1 grüne Peperoni

5 mittelgroße Eier

1 kleine Knoblauchzehe,
fein gehackt

2 EL glatte Petersilie,
grob gehackt

1 EL Thymianblättchen

frisch gemahlener
schwarzer Pfeffer

8 Scheiben (120 g)
Lardo di Colonnata

1 EL Butter

Zubereitungszeit: 40 Minuten

1 Die Kartoffeln in einen Topf geben, mit Wasser bedecken und salzen. Das Wasser zum Kochen bringen und die Kartoffeln darin weich kochen. Die weichen Kartoffeln durch ein Sieb schütten, pellen und abkühlen lassen.

2 Die Zwiebeln schälen und in dünne Scheiben schneiden.

3 Die Paprika waschen, halbieren, von den Scheidewänden befreien, entkernen und in kleine Würfel schneiden.

4 Die Peperoni waschen und in feine Ringe schneiden.

5 Die Kartoffeln in $1/2$ cm dicke Scheiben schneiden.

6 Die Eier in eine Schüssel aufschlagen und verquirlen, dann den Knoblauch, die Petersilie und den Thymian hinzufügen und die Mischung kräftig salzen und pfeffern.

7 Den Lardo in feine Streifen schneiden und in einer heißen Pfanne ohne Fettzugabe bei mittlerer Hitze knusprig braten. Die gebratenen Speckstreifen aus der Pfanne nehmen und auf Küchenkrepp abtropfen lassen.

8 Die Kartoffelscheiben in dem Speckfett von allen Seiten knusprig braten, aus der Pfanne nehmen und beiseitestellen.

9 Die Butter in der verwendeten Pfanne zerlassen und die Zwiebelringe darin anschwitzen. Dann die Paprikawürfel und die Peperoniringe hinzufügen und kurz mitbraten. Die Gemüsemischung leicht salzen.

10 Die gebratenen Kartoffeln in die Pfanne dazugeben, unter die Zwiebel-Paprika-Mischung heben, die verquirlten Eier darübergießen und bei mittlerer Hitze zu einem Omelette stocken lassen, dann vorsichtig in der Mitte zusammenklappen und fertig braten.

11 Das fertige Omelette auf einer Servierplatte mit den Speckstreifen bestreuen. Das Omelette halbieren und servieren.

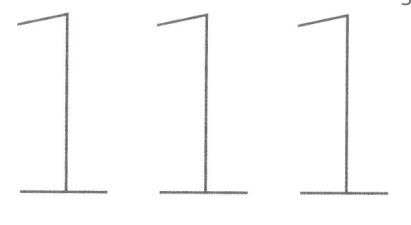

111

Gerolltes Filet auf Zitronengras mit Kartoffel-Vanille-Dip

Zutaten für 4 Personen

Für das Filet und die Gewürzpaste

12 dünne Scheiben Rinderfilet (à ca. 50 g)

2 EL Sesamöl

1 EL Sojasauce

2 EL gehacktes Koriandergrün

1 kleine Knoblauchzehe, gehackt

1 TL flüssiger Honig

$\frac{1}{2}$ kleine Chilischote, gehackt

12 Stängel Zitronengras

Salz

Für den Kartoffel-Vanille-Dip

100 g mehligkochende Kartoffeln (z. B. Hermes oder Bintje)

Salz

100 g Sauerrahm (saure Sahne, 15 % Fettgehalt)

Zubereitungszeit: 40 Minuten, Marinierzeit: 1 Stunde

1 Die Rinderfilets zwischen 2 Stücke Klarsichtfolie (oder 2 Gefrierbeutel) legen und mit dem Plattiereisen oder einer schweren Pfanne etwa 2 mm dünn klopfen.

2 Für die Gewürzpaste das Sesamöl mit der Sojasauce, dem Koriandergrün, dem Knoblauch, dem Honig und der Chili in eine Schüssel geben und gut verrühren.

3 Die äußeren 1–2 Blätter von den Zitronengrasstängeln abziehen.

4 Die Rinderfilets leicht salzen, mit der Gewürzpaste bestreichen und mit je 1 Stängel Zitronengras belegen. Die Rinderfilets eng einrollen und mit Küchengarn zusammenbinden. Diese Röllchen etwa 1 Stunde im Kühlschrank ziehen lassen.

5 Für den Kartoffel-Vanille-Dip die Kartoffeln schälen, in große Würfel schneiden, in einen Topf geben, mit Wasser bedecken und salzen. Das Wasser zum Kochen bringen und die Kartoffeln darin weich kochen. Die weichen Kartoffeln durch ein Sieb schütten, gut abtropfen und etwas abkühlen lassen.

6 Die lauwarmen Kartoffeln mit dem Sauerrahm in einen hohen Mixbecher geben und mit dem Pürierstab cremig pürieren.

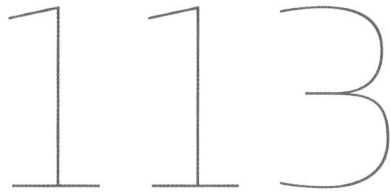

(Fortsetzung von Seite 113)

1 kleine
unbehandelte Limette

20 g frischer Ingwer

1 Prise Vanillezucker

Salz

frisch gemahlener
schwarzer Pfeffer

4 EL Sesamöl zum Braten

7   Den feinen Abrieb von $\frac{1}{4}$ Limette und 2 EL Limettensaft in die Kartoffelcreme rühren.

8   Den Ingwer schälen, fein reiben und ebenfalls in die Kartoffelcreme rühren. Dann den Vanillezucker hinzufügen und den Dip mit Salz und Pfeffer abschmecken.

9   Die Rinderfiletröllchen aus dem Kühlschrank nehmen und 10 Minuten bei Zimmertemperatur ruhen lassen.

10   Das Sesamöl in einer großen Pfanne erhitzen und die Rinderfiletröllchen darin unter mehrmaligem Wenden 4–5 Minuten braten.

11   Die Röllchen mit dem Kartoffel-Vanille-Dip auf 4 Tellern anrichten und nach Belieben mit etwas frisch gepresstem Limettensaft beträufeln.

114

Gebratene Kartoffelmaultaschen mit Apfel-Mett-Füllung

Zutaten für 4 Personen

Für den Teig
500 g mehligkochende
Kartoffeln (z. B. Hermes,
Bintje oder Agria)

Salz

100 g Weizenmehl
(Type 405)

2 EL Speisestärke

2 Eigelb

frisch geriebene
Muskatnuss

Für die Füllung
2 große, säuerliche
Boskoop-Äpfel (ca. 300 g)

1 Zwiebel (ca. 80 g)

1 EL Butter

Zubereitungszeit: $1^1/_2$ Stunden, Abkühlzeit: ca. 2 Stunden

1 Für den Teig die Kartoffeln schälen, in große Würfel schneiden, in einen Topf geben, mit Wasser bedecken und salzen. Das Wasser zum Kochen bringen und die Kartoffeln darin weich kochen. Die weichen Kartoffeln durch ein Sieb schütten und abtropfen lassen. Die Kartoffeln noch heiß durch die Kartoffelpresse drücken. Die Kartoffelmasse vollständig abkühlen lassen. (Hinweis: Am besten kochen Sie die Kartoffeln bereits am Vortag.)

2 Die erkaltete Kartoffelmasse mit dem Mehl, der Speisestärke und den Eigelb auf einer Arbeitsfläche locker vermengen, mit etwas Salz und frisch geriebener Muskatnuss bestreuen und alles rasch zu einem gebundenen Teig verkneten. Den Teig bis zur Verwendung mit einem Tuch bedecken.

3 Für die Füllung die Äpfel schälen, halbieren, die Kerngehäuse herausschneiden und die Äpfel in kleine Würfel schneiden.

4 Die Zwiebel schälen und in kleine Würfel schneiden.

5 Die Butter in einer Pfanne zerlassen und die Zwiebelwürfel darin hell anschwitzen. Dann die Apfelwürfel hinzufügen, die Hitze reduzieren und die Apfel-Zwiebel-Mischung 8–10 Minuten dünsten. Dann die Pfanne vom Herd nehmen und die Apfel-Zwiebel-Mischung abkühlen lassen.

200 g Mettwurst

3 EL gehackte
glatte Petersilie

frisch gemahlener
schwarzer Pfeffer

etwas Weizenmehl
zum Ausarbeiten

1 Ei zum Bestreichen

etwas Sonnenblumenöl
zum Ausbacken

6   Die Mettwurst mit einer Gabel zerdrücken und mit der
Apfel-Zwiebel-Mischung vermengen. Dann die gehackte
Petersilie hinzufügen und die Füllung, wenn nötig (je nach
Würze der Mettwurst), mit Salz und Pfeffer abschmecken.

7   Den Kartoffelteig auf einer gut bemehlten Arbeitsfläche
etwa $^1/_2$ cm dick ausrollen und in 8 gleich große Quadrate
schneiden.

8   Die Teigquadrate mit etwas verquirltem Ei bestreichen. Auf
jedes Quadrat 1 EL Füllung setzen, die Quadrate wie Maultaschen zusammenklappen und die freien Ränder mit einer
bemehlten Gabel festdrücken.

9   Das Sonnenblumenöl in einer beschichteten Pfanne erhitzen
und die Maultaschen darin portionsweise knusprig ausbacken. Die Maultaschen dann aus der Pfanne nehmen und im
auf 60 °C vorgeheizten Backofen 5–7 Minuten fertig backen.

Tipp: Dazu passt ein mit Kernöl und Apfelessig marinierter
Endiviensalat oder in Butter gebratene Salbeiblätter und
Parmesan.

117

Bratkartoffeln »klassisch« mit konfiertem Radicchio

Zutaten für 4 Personen

1 kg festkochende
Kartoffeln (z. B. Sieglinde,
Ditta oder Laura)

Salz

2 Köpfe Radicchio
(ca. 500 g)

80 g Kristallzucker

500 ml trockener Rotwein

1 frisches Lorbeerblatt

2 EL Rotweinessig

2 EL Butter

frisch gemahlener
schwarzer Pfeffer

2 EL Butterschmalz

1 weiße Gemüsezwiebel

2 EL Thymianblättchen

Zubereitungszeit: 50 Minuten

1 Die Kartoffeln waschen, in einen Topf geben, mit Wasser bedecken und salzen. Das Wasser zum Kochen bringen und die Kartoffeln darin weich kochen. Die Kartoffeln durch ein Sieb schütten, gut abtropfen lassen, pellen und vollständig abkühlen lassen.

2 Den Radicchio putzen, halbieren und in 1 cm breite Streifen schneiden.

3 Den Zucker in einen Topf geben und bei mittlerer Hitze schmelzen. Den geschmolzenen Zucker mit dem Rotwein ablöschen, das Lorbeerblatt hinzufügen und die Flüssigkeit auf 250 ml reduzieren.

4 Dann die Radicchiostreifen in den Rotweinfond geben und alles zu einer marmeladenartigen Konsistenz einkochen. Nun den Rotweinessig und die Butter hineinrühren, mit Salz und Pfeffer abschmecken. Den Radicchio bei Zimmertemperatur 30 Minuten ziehen lassen.

5 Die Kartoffeln in $1/2$ cm dicke Scheiben schneiden.

6 Das Butterschmalz in einer großen Pfanne (oder in zwei kleineren Pfannen) zerlassen und die Kartoffelscheiben darin bei mittlerer Hitze auf beiden Seiten goldbraun braten.

7 Die Zwiebel schälen, halbieren, in dünne Streifen schneiden und zu den Kartoffeln in die Pfanne geben. Die Kartoffeln 3–4 Minuten weiterbraten, dann mit Salz und Pfeffer abschmecken und den Thymian untermengen.

8 Die Bratkartoffeln mit dem Radicchio anrichten.

»Patatas con Azafran y Alioli«

Zutaten für 4 Personen
(als Hauptspeise) oder für
8 Personen (als Vorspeise)

**Für die
»Patatas con Azafran«**
2 Gemüsezwiebeln
65 ml Olivenöl
3 Knoblauchzehen,
geschält
1 TL edelsüßes
Paprikapulver
3 frische Lorbeerblätter
3 Zweige Rosmarin
3 schwarze Pfefferkörner
3 Pimentkörner
1 Briefchen Safranfäden
1,2 kg festkochende
Kartoffeln (z.B. Sieglinde)
250 ml Gemüsebouillon

Zubereitungszeit: 50 Minuten

1 Für die »Patatas« die Zwiebeln schälen, halbieren und in feine Streifen schneiden.

2 Das Olivenöl in einer Pfanne erhitzen und die Zwiebelstreifen darin langsam anschwitzen.

3 Die Knoblauchzehen in Scheiben schneiden, zu den Zwiebeln in die Pfanne geben und 3–4 Minuten mitschwitzen.

4 Dann die Pfanne vom Herd nehmen, das Paprikapulver, die Lorbeerblätter, den Rosmarin, die Pfeffer- sowie die Pimentkörner und die Safranfäden hineingeben, dann alles gut vermengen.

5 Die Kartoffeln schälen, der Länge nach vierteln oder achteln und zu der Zwiebelmischung in die Pfanne geben.

6 Die Pfanne wieder auf den Herd stellen, die Kartoffeln mit der Gemüsebouillon aufgießen und so lange köcheln lassen, bis die Flüssigkeit verkocht ist. (Dabei sollten die Zwiebeln karamellisieren.) Die Kartoffeln dann bei geringer Hitze etwa 20 Minuten unter mehrmaligem Wenden fertig braten.

Salz

frisch gemahlener
schwarzer Pfeffer

3 EL fein gehackte
glatte Petersilie

3 EL gehackte Majoran-
blättchen

Für die Alioli
1 Eigelb

2 Knoblauchzehen

1 TL scharfer Senf

125 ml Olivenöl extra
vergine

Saft von $\frac{1}{2}$ Zitrone

4 EL Naturjoghurt
(3,5 % Fettgehalt)

Salz

frisch gemahlener
schwarzer Pfeffer

7   Die garen Kartoffeln mit Salz und Pfeffer abschmecken, dann die Petersilie und den Majoran hinzufügen und nochmals durchmengen.

8   Für die Alioli das Eigelb mit den geschälten Knoblauchzehen und dem Senf in einen hohen Mixbecher geben und mit dem Pürierstab gut durchmixen. Anschließend das Olivenöl und den frisch gepressten Zitronensaft hinzufügen und die Mischung zu einer cremigen Sauce aufmixen. Zum Schluss den Joghurt unterrühren und die Alioli mit Salz und Pfeffer abschmecken.

9   Die »Patatas con Azafran« mit der Alioli servieren.

Tipp: Diese Safrankartoffeln passen auch zu gegrilltem Fleisch.

Pilzgröstl
mit Kartoffel-Mascarpone-Stampf

Zutaten für 4 Personen

Für den Kartoffel-Mascarpone-Stampf
800 g mehligkochende Kartoffeln (z. B. Hermes oder Agria)
Salz
100 g Mascarpone
frisch geriebene Muskatnuss

Für das Pilzgröstl
800 g küchenfertig geputzte gemischte Pilze (z. B. Steinpilze, Pfifferlinge, braune Champignons, Kräuterseitlinge)
4 Schalotten
2 EL Butter
2 Knoblauchzehen, fein gehackt
Salz
frisch gemahlener schwarzer Pfeffer
2 EL Thymianblättchen
2 EL glatte Petersilie, fein gehackt
8 dünne Scheiben (ca. 100 g) geräucherter Frühstücksspeck

Zubereitungszeit: 50 Minuten

1   Die Kartoffeln schälen, vierteln und in einen Topf geben, mit Wasser bedecken und salzen. Das Wasser zum Kochen bringen und die Kartoffeln darin weich kochen. Die weichen Kartoffeln durch ein Sieb schütten, zurück in den offenen Topf geben und den Topf auf die abgeschaltete Herdplatte stellen. Die Kartoffeln bei geringer Hitze ausdampfen lassen, bis sie ganz trocken sind.

2   Die Kartoffeln in eine Schüssel geben, grob zerstampfen, den Mascarpone hinzufügen, mit Salz und frisch geriebener Muskatnuss abschmecken und gut vermengen. Den Kartoffel-Mascarpone-Stampf im auf 60 °C vorgeheizten Backofen warm stellen.

3   Für das Pilzgröstl die Pilze in $1/2$ cm dicke Scheiben schneiden.

4   Eine große Pfanne ohne Fettzugabe erhitzen und die Pilze darin 3–4 Minuten anbraten.

5   Die Schalotten schälen und in feine Streifen schneiden.

6   Die Butter in die Pfanne geben und gut durchschwenken.

7   Dann die Schalottenstreifen und den Knoblauch zu den Pilzen in die Pfanne geben, das Gröstl mit Salz und Pfeffer abschmecken und unter Wenden 2–3 Minuten fertig braten. Zum Schluss den Thymian und die Petersilie untermengen.

8   Eine weitere Pfanne ohne Fettzugabe erhitzen und die Speckscheiben darin knusprig braten.

9   Den Kartoffel-Mascarpone-Stampf in 4 tiefen Tellern anrichten, das Pilzgröstl darübergeben und mit je 2 Scheiben knusprigem Speck garnieren.

123

Aus dem
Ofen

Kartoffelpudding mit Granatapfel-Piment-Birnen

Zutaten für 4 Personen

Für die Granatapfel-Piment-Birnen
4 reife Birnen (z. B. Forelle oder Gute Luise)

3 EL brauner Zucker

400 ml trockener Rotwein

200 ml Granatapfelsaft

1 Gewürznelke

5 Pimentkörner

Für den Kartoffelpudding
600 g mehligkochende Kartoffeln (z. B. Hermes, Agria oder Bintje)

Salz

120 g Scarmorza (italienischer halbfester geräucherter Frischschnittkäse)

Zubereitungszeit: $1^1/_2$ Stunden (ohne Marinierzeit)

1 Die Birnen schälen und der Länge nach halbieren, dann die Kerngehäuse mit einem Kugelausstecher entfernen.

2 Den Zucker in einem Topf bei geringer Hitze schmelzen. Den geschmolzenen Zucker mit dem Rotwein ablöschen, dann mit dem Granatapfelsaft auffüllen. Die Gewürznelke hinzufügen und die Flüssigkeit aufkochen.

3 Die Birnenhälften in den Sud geben und weich kochen. Dann den Topf vom Herd nehmen, die Pimentkörner hinzufügen und die Birnen 2–3 Stunden in dem Sud ziehen lassen.

4 Für den Kartoffelpudding die Kartoffeln schälen (es werden 400 g geschälte Kartoffeln benötigt), vierteln und in einen Topf geben, mit Wasser bedecken und salzen. Das Wasser zum Kochen bringen und die Kartoffeln darin weich kochen. Die weichen Kartoffeln durch ein Sieb schütten, gut abtropfen und ausdampfen lassen. (Die Kartoffeln müssen ganz trocken sein.)

5 Die Kartoffeln zweimal durch die Kartoffelpresse drücken. Die Kartoffelmasse abkühlen lassen.

6 Den Scamorza in kleine Würfel schneiden.

(Fortsetzung von Seite 126)

100 g Crème fraîche
3 Eigelb
2 EL grob gehackter Majoran
frisch gemahlener schwarzer Pfeffer
etwas gemahlener Koriander
etwas Butter und Weißbrotbrösel für die Förmchen
2 Eiweiß

7   Die Kartoffelmasse mit dem Scamorza, der Crème fraîche und den Eigelb glatt rühren. Dann den Majoran hinzufügen und die Kartoffelcreme mit Salz, Pfeffer und Korianderpulver abschmecken.

8   Vier kleine, feuerfeste Förmchen (Souffléförmchen) mit Butter einfetten und mit den Weißbrotbröseln ausstreuen.

9   Die Eiweiß mit dem Handrührgerät zu cremigem (nicht steifem) Schnee schlagen. Den Eischnee nach und nach unter die Kartoffelcreme heben. Diesen Kartoffelpudding in die vorbereiteten Förmchen füllen und im auf 180 °C vorgeheizten Backofen etwa 35–40 Minuten garen.

10   Die fertigen Puddings mit den Granatapfel-Piment-Birnen (und nach Belieben mit dünn aufgeschnittenen frischen Birnen) umkränzt anrichten.

Tipp: Formen Sie den Scamorza zu kleinen Kugeln, wälzen Sie diese in den Korianderkörnern und füllen Sie die Kugeln in die Birnen.

128

Gratinierte Kartoffel-Ricotta-Bällchen

Zutaten für 4 Personen

350 g mehligkochende
Kartoffeln (z. B. Hermes,
Bintje oder Agria)

Salz

700 g Ricotta

90 g frisch geriebener
Parmesan

1 Ei

100 g Weizenmehl
(Type 405)

frisch gemahlener
schwarzer Pfeffer

etwas frisch geriebene
Muskatnuss

200 g Weichweizengrieß

40 g Butter für die Form

Zubereitungszeit: 1 Stunde

1   Die Kartoffeln schälen, vierteln, in einen Topf geben, mit
Wasser bedecken und salzen. Das Wasser zum Kochen
bringen und die Kartoffeln darin weich kochen. Die weichen
Kartoffeln durch ein Sieb schütten und gut abtropfen lassen.
Die Kartoffeln noch heiß durch die Kartoffelpresse in eine
Schüssel drücken. Die Kartoffelmasse abkühlen lassen.

2   Den Ricotta, den Parmesan, das Ei und das Mehl zu der abgekühlten Kartoffelmasse geben, vermengen und mit Salz,
Pfeffer und Muskatnuss abschmecken.

3   Aus dem Kartoffelteig walnussgroße Bällchen formen, diese
in dem Grieß wälzen.

4   Etwa 3 l Wasser mit etwas Salz in einem Topf zum Kochen
bringen. Die Bällchen in das kochende Wasser legen und
bei geringer Hitze ca. 10 Minuten darin ziehen lassen. Die
Bällchen sind gar, wenn sie an die Oberfläche steigen.

5   Die garen Bällchen mit dem Schaumlöffel aus dem Topf nehmen und auf Küchenkrepp abtropfen lassen.

6   Eine Auflaufform mit Butter ausstreichen, die Kartoffel-Ri-
cotta-Bällchen hineingeben und im auf 180 °C vorgeheizten
Backofen etwa 20 Minuten backen, bis sie eine zarte braune
Kruste haben.

7   Die Kartoffel-Ricotta-Bällchen heiß oder lauwarm zum
Aperitiv oder als Tapas servieren.

Blätterteigschnecken mit Kartoffelfüllung und Sardellencreme

Zutaten für 16 Stück

Für die Blätterteig-schnecken

250 g mehligkochende Kartoffeln (z. B. Hermes, Bintje oder Agria)

Salz

50 g weiche Butter

2 Bund Schnittlauch, fein geschnitten

2 Eigelb

frisch gemahlener schwarzer Pfeffer

Cayennepfeffer

330 g Blätterteig (gerollt, aus dem Kühlregal)

4 EL weiße Sesamsaat zum Bestreuen

Für die Sardellencreme

6 Sardellenfilets

125 ml Sauerrahm (saure Sahne, 15 % Fettgehalt)

125 ml Crème fraîche

1 EL Estragonsenf

1 EL eingelegte grüne Pfefferkörner

Salz

frisch gemahlener schwarzer Pfeffer

1 EL fein gehackte glatte Petersilie

Zubereitungszeit: 50 Minuten

1. Die Kartoffeln gründlich waschen, in einen Topf geben, mit Wasser bedecken und salzen. Das Wasser zum Kochen bringen und die Kartoffeln darin weich kochen. Die Kartoffeln durch ein Sieb schütten, gut abtropfen lassen, pellen und noch heiß durch die Kartoffelpresse drücken. Die weiche Butter hinzufügen, gut vermengen und alles abkühlen lassen.

2. Den Schnittlauch und 1 Eigelb hinzufügen, alles mit Salz, Pfeffer und Cayennepfeffer abschmecken.

3. Den Blätterteig mit der Füllung bestreichen. Den Teig von der Längsseite her fest einrollen. Die Außenseite der Rolle mit dem restlichen verquirlten Eigelb bestreichen und mit der Sesamsaat bestreuen. Die Blätterteigrolle etwa 20 Minuten im Tiefkühlfach ruhen lassen.

4. Die Blätterteigrolle aus dem Kühlfach nehmen und in $1\frac{1}{2}$ cm breite Scheiben schneiden. Die Blätterteigschnecken auf ein mit Backtrennpapier bedecktes Backblech legen.

5. Die Blätterteigschnecken im auf 220 °C vorgeheizten Backofen auf der mittleren Schiene etwa 25 Minuten backen.

6. Für die Sardellencreme die Sardellen in eine Schüssel geben und mit der Gabel zerdrücken. Den Sauerrahm, die Crème fraîche und den Senf hinzufügen und verrühren.

7. Die Pfefferkörner grob zerstoßen und in die Sardellencreme rühren. Die Creme mit Salz und Pfeffer abschmecken, dann die Petersilie untermengen.

8. Die Blätterteigschnecken am besten lauwarm mit der Sardellencreme servieren.

Kartoffel-Birnen-Pie mit Quitte und Pfefferkrokant

Zutaten für 4 Personen

500 g mehligkochende Kartoffeln (z. B. Bintje oder Agria)

Salz

2 EL Kristallzucker

2 EL schwarze Pfefferkörner

4 vollreife Birnen (ca. 600 g, etwa Forelle, Gute Luise)

$1/2$ TL gemahlener Koriander

330 g Blätterteig (gerollt, aus dem Kühlregal)

Zubereitungszeit: 1 Stunde 20 Minuten

1 Die Kartoffeln schälen, vierteln, in einen Topf geben, mit Wasser bedecken und salzen. Das Wasser zum Kochen bringen und die Kartoffeln darin weich kochen. Die weichen Kartoffeln durch ein Sieb schütten und ausdampfen lassen. Die Kartoffeln noch heiß mit einer Gabel grob zerdrücken. Die Kartoffelmasse abkühlen lassen.

2 Den Zucker in eine Pfanne geben und bei geringer Hitze zu Karamell schmelzen. Dann die Pfefferkörner in den Karamell geben und alles gut vermengen. Den Pfefferkaramell auf einen mit Backtrennpapier ausgelegten Teller geben und abkühlen lassen, dann in der Küchenmaschine sehr grob reiben.

3 Die Birnen schälen und nach Entfernen des Kerngehäuses in Würfel schneiden. Die Würfel mit der Hälfte des Pfefferkrokants vermengen.

4 Die zerdrückten Kartoffeln mit dem Koriander, Salz und Pfeffer würzen.

5 Den Blätterteig auf einem mit Backtrennpapier bedeckten Backblech ausrollen.

132

2 Eigelb
2 EL Vollmilch
4 EL Quittengelee
1 EL grobkörniger Senf
100 g Vacherin Mont d'Or
(oder ein ähnlich
würziger Weichkäse)
marinierte Blattsalate
zum Garnieren

6   Die Eigelb mit der Milch verquirlen.

7   Das Quittengelee mit dem Senf glatt rühren und die Masse so auf die Teigplatte streichen, dass rundherum ein ca. 3 cm breiter Rand frei bleibt. Diesen Teigrand mit etwas Eigelb-Milch-Mischung bestreichen.

8   Die Kartoffelmischung auf eine Hälfte des mit Quittengelee bestrichenen Teigs streichen. Die Pfeffer-Birnen-Mischung daraufgeben.

9   Den Vacherin in kleine Stücke bröckeln und darübergeben.

10   Die freie Teighälfte über die Kartoffelfüllung klappen und die freien Teigränder fest andrücken. Die Teigoberfläche mit etwas Eigelb-Milch-Mischung bestreichen. Die nun aufeinanderliegenden Ränder mit in etwas Öl getauchten Gabelzinken festdrücken.

11   Das Backblech auf der mittleren Schiene in den auf 200 °C vorgeheizten Backofen schieben und den Pie etwa 35 Minuten backen.

12   Den Pie aus dem Ofen nehmen und noch heiß mit dem restlichen Pfefferkrokant bestreuen. Den Pie 10 Minuten abkühlen lassen, dann in Stücke schneiden und lauwarm mit marinierten Blattsalaten garniert servieren.

133

Kartoffel-Crème-brûlée

Zutaten für 4 Personen

350 g mehligkochende
Kartoffeln (z. B. Hermes,
Bintje oder Agria)

Salz

250 g Sahne

125 ml Vollmilch

5 EL frisch geriebener
Parmesan

4 Eigelb

frisch gemahlener
schwarzer Pfeffer

frisch geriebene
Muskatnuss

Butter für die Form

2 EL brauner Zucker

1 TL grob gemahlener
schwarzer Pfeffer

1 TL grob gemahlene
Korianderkörner

Zubereitungszeit: 1 Stunde 45 Minuten

1 Die Kartoffeln schälen, vierteln, in einen Topf geben, mit Wasser bedecken und salzen. Das Wasser zum Kochen bringen und die Kartoffeln darin weich kochen. Die weichen Kartoffeln durch ein Sieb schütten, zurück in den Topf geben und auf der ausgeschalteten Herdplatte gut ausdampfen lassen. (Die Kartoffeln müssen ganz trocken sein.) Die noch heißen Kartoffeln zweimal durch die Kartoffelpresse drücken.

2 Die Sahne und die Milch in einen kleinen Topf geben und leicht erwärmen, dann den Parmesan gut einrühren.

3 Die Parmesansahne über die warme Kartoffelmasse geben und gut vermengen.

4 Die Eigelb gut verquirlen und zügig unter die Kartoffelmasse mengen. Die Kartoffelcreme mit Salz, Pfeffer und Muskatnuss abschmecken.

5 4 kleine Souffléförmchen ausbuttern und mit der Kartoffelcreme füllen. Die Förmchen in ein tiefes Backblech (Fettpfanne) stellen und dieses mit heißem Wasser füllen, sodass die Förmchen zur Hälfte im Wasser stehen.

6 Das Backblech auf die mittlere Schiene in den auf 130 °C vorgeheizten Backofen schieben und die Creme dort etwa 1 Stunde stocken lassen.

7 Die Förmchen mit der Kartoffel-Crème-brûlée aus dem Ofen nehmen und leicht abkühlen lassen.

8 Den braunen Zucker mit dem groben Pfeffer und mit dem Koriander vermengen, dann die Mischung gleichmäßig über die Crème brûlée streuen. Die Oberflächen der Cremes kurz mit dem Karamellbrenner abflämmen und sofort servieren.

Kartoffelpizzen mit geschmorten roten Zwiebeln und Gorgonzola

Zutaten für 4 Personen

Für den Teig

200 g mehlig- bis vor-
wiegend festkochende
Kartoffeln (z. B. Hermes,
Bintje oder Heidenreich-
steiner Rote)

Salz

250 g Weizenmehl
(Type 550)

1 TL Salz

20 g frische Hefe

1 TL flüssiger Honig

3 EL Olivenöl extra vergine

Für den Belag

5 rote Zwiebeln, geschält

Zubereitungszeit: 1 Stunde 20 Minuten

1   Für den Teig die Kartoffeln gründlich waschen, in einen Topf geben, mit Wasser bedecken und salzen. Das Wasser zum Kochen bringen und die Kartoffeln darin weich kochen. Die weichen Kartoffeln durch ein Sieb schütten, gut abtropfen lassen, pellen und noch heiß durch die Kartoffelpresse drücken. Die Kartoffelmasse abkühlen lassen.

2   Das Mehl mit dem Salz in eine Rührschüssel sieben.

3   Die Hefe zerbröseln und mit dem Honig glatt rühren, dann mit der Kartoffelmasse, dem Olivenöl und ca. 100 ml lau-warmem Wasser zu dem Mehl geben. Die Mischung in der Küchenmaschine (Knethaken) etwa 10 Minuten zu einem glatten Teig verkneten.

4   Die Schüssel mit einem Küchentuch abdecken und den He-feteig etwa 30 Minuten an einem warmen Ort gehen lassen. (Hinweis: Das Volumen des Teigs sollte sich verdoppeln.)

5   Für den Belag die Zwiebeln halbieren und in feine Ringe schneiden.

3 EL Olivenöl

2 EL brauner Zucker

250 ml trockener Rotwein

1 Gewürznelke

Salz

grob gemahlener
schwarzer Pfeffer

150 g mehlig- bis vor-
wiegend festkochende
Kartoffeln (z. B. Hermes,
Bintje oder Heidenreich-
steiner Rote)

250 g Crème fraîche

120 g Gorgonzola

einige Basilikumblättchen
zum Bestreuen

6 Das Olivenöl in einer Pfanne erhitzen und die Zwiebelringe darin bei mittlerer Hitze anschwitzen. Dann den Zucker hinzufügen und kurz mitschwitzen. Mit dem Rotwein ablöschen, die Gewürznelke hineingeben und die Zwiebeln so lange dünsten, bis die Flüssigkeit verkocht ist. Anschließend mit Salz und Pfeffer abschmecken. Die Zwiebeln abkühlen lassen, dann die Gewürznelke entfernen.

7 Den Hefeteig mit bemehlten Händen nochmals durchkneten und in 8 gleiche Portionen teilen.

8 Jede Teigportion etwa $\frac{1}{2}$ cm dick ausrollen und auf ein mit Backtrennpapier bedecktes Blech legen.

9 Die Kartoffeln schälen und in dünne Scheiben schneiden.

10 Die Teigpizzen mit Crème fraîche bestreichen und salzen, dann die Kartoffelscheiben und die Rotweinzwiebeln darübergeben.

11 Den Gorgonzola mit den Händen zerbröseln und über die Zwiebeln streuen, dann alles mit grobem Pfeffer bestreuen.

12 Die Pizzen im auf 230 °C vorgeheizten Backofen auf der untersten Schiene etwa 12–15 Minuten knusprig backen. Die fertigen Pizzen aus dem Ofen nehmen, mit Basilikum bestreuen und auf 4 Tellern anrichten.

137

Kartoffeltarte mit Orange und schwarzen Oliven

Zutaten für 10 Stück

Für den Teig
220 g Weizenmehl
(Type 550)
150 g Butter, grob gehackt
1 Eigelb
1 Prise Salz
$\frac{1}{2}$ TL gemahlener
Koriander
Weizenmehl
für die Arbeitsfläche

Für den Belag
150 g festkochende
Kartoffeln (z. B. Sieglinde,
Ditta, Linda oder Linzer
Delikatess)
3 EL geschmacksneutrales
Pflanzenöl
300 g frischer Spinat
20 g Butter
250 g Frischkäse
oder Ricotta
3 Eier
80 g frisch geriebener
Parmesan
frisch gemahlener
schwarzer Pfeffer
2 Knoblauchzehen,
zerdrückt
Abrieb von $\frac{1}{2}$ unbehandelten Orange
schwarze Oliven, Orangen-
zesten und Spinatblätter
zum Garnieren

Zubereitungszeit: 1 Stunde 20 Minuten

1 Das Mehl auf die Arbeitsfläche sieben, mit der gehackten Butter und dem Eigelb, dem Salz, dem Korianderpulver und 3–4 EL kaltem Wasser zu einem geschmeidigen Teig kneten. Diesen auf einer bemehlten Arbeitsfläche zu einem Boden (ca. 30 cm Durchmesser) ausrollen und in eine flache Tarteform (ca. 24 cm Durchmesser) legen. Die überstehenden Ränder abschneiden und etwa 30 Minuten im Tiefkühlfach erkalten lassen. (Hinweis: Aus den Tarteresten kleine Scheiben ausstechen und später ausgebacken als Deko auf die Tarte legen.)

2 Die Kartoffeln schälen und in kleine Würfel schneiden.

3 Das Pflanzenöl in einer beschichteten Pfanne erhitzen und die Kartoffelwürfel darin bei mittlerer Hitze 6–8 Minuten knusprig braten.

4 Den Spinat waschen und verlesen.

5 Die Butter in einer weiteren großen Pfanne zerlassen. Den Spinat nach und nach zugeben und zusammenfallen lassen, dann durch ein Sieb schütten und gut abtropfen lassen.

6 Den Frischkäse mit den Eiern, dem Parmesan und den gebratenen Kartoffelwürfeln vermengen. Den Spinat untermengen und den Belag mit Salz, Pfeffer, Knoblauch und dem feinen Orangenabrieb abschmecken.

7 Den Tarteboden aus dem Tiefkühlfach nehmen und den Belag daraufgeben. Die Tarte im auf 200 °C vorgeheizten Backofen auf der mittleren Schiene etwa 35 Minuten backen.

8 Die fertige Tarte aus dem Ofen nehmen und abkühlen lassen, dann mit den Oliven und den Orangenzesten sowie Spinatblättern garnieren. Die Tartestücke auf 4 Tellern anrichten.

Ofenkartoffeln
mit Saiblingstatar und Chili-Sesam

Zutaten für 4 Personen

4 gleich große, mehlig-
kochende Kartoffeln
(z. B. Marabel XL, große
Agria oder große Hermes)

4 enthäutete Saiblings-
filets (à ca. 80 g)

1 unbehandelte Limette

Salz

frisch gemahlener
schwarzer Pfeffer

3 EL fein gehacktes
Koriandergrün

4 EL Crème fraîche

2 TL Sesamöl

2 EL geschälte
weiße Sesamsaat

1 kleine Chilischote

2 Frühlingszwiebeln

Zubereitungszeit: 50 Minuten

1 Die Kartoffeln gründlich waschen, einzeln fest in Alufolie wickeln und im auf 200 °C vorgeheizten Backofen etwa 40–45 Minuten garen.

2 Die Saiblingsfilets in $1/_2$ cm große Würfel schneiden. Diese mit dem feinen Abrieb von $1/_2$ Limette und dem Saft von 1 Limette in eine Schüssel geben, dann mit Salz und Pfeffer abschmecken. Anschließend das gehackte Koriandergrün untermengen.

3 Die Crème fraîche mit dem Sesamöl glatt rühren und mit Salz und Pfeffer abschmecken.

4 Die Sesamsaat in einer beschichteten heißen Pfanne ohne Fettzugabe hell anrösten, dann vom Herd nehmen.

5 Die Chilischote der Länge nach aufschlitzen und entkernen, dann fein hacken und in der noch warmen Pfanne mit der gerösteten Sesamsaat vermengen.

6 Die Frühlingszwiebeln putzen und in feine Ringe schneiden.

7 Die garen Kartoffeln aus der Folie wickeln, längs einschneiden, etwas auseinanderziehen und mit Salz bestreuen.

8 In jede aufgeschnittene Kartoffel 1 EL Crème fraîche füllen, darauf 1 Nocke Saiblingstatar setzen und mit der Chili-Sesam-Mischung sowie Frühlingszwiebelringen bestreuen.

Kartoffelauflauf
mit Speck und Kraut

Zutaten für 6 Personen

1 Kopf Weißkraut
(ca. 1 kg)

Salz

30 g Butter für die Form

150 g geräucherter
Bauernspeck

2 EL Sonnenblumenöl

2 TL Kümmelsamen

1 kg mehlig- bis vor-
wiegend festkochende
Kartoffeln (z. B. Hermes,
Bintje oder Heidenreich-
steiner Rote)

Zubereitungszeit: 3 Stunden

1 Den Strunk des Weißkrautkopfs keilförmig herausschneiden.

2 Reichlich Wasser in einem großen Topf zum Kochen bringen,
dann salzen. Den Weißkrautkopf in das kochende Wasser geben und etwa 30 Minuten darin kochen, bis sich die äußeren
Blätter vom Kopf lösen.

3 Das Weißkraut abschütten, abtropfen lassen und in kaltem
Wasser abschrecken. Die Weißkrautblätter dann gut abtropfen lassen, mit Küchenkrepp trocken tupfen. Dicke Rippen
aus den Blättern herausschneiden.

4 Eine Auflaufform (20 x 25 cm) mit Butter fetten und mit einigen Krautblättern auslegen. Dabei sollen die Krautblätter
über den Rand der Form reichen. Die restlichen Krautblätter
in feine Würfel schneiden.

5 Den Speck in feine Würfel schneiden.

6 Das Sonnenblumenöl in einer großen Pfanne erhitzen und die
Speckwürfel darin knusprig braten. Dann das fein geschnittene Kraut in die Pfanne geben, salzen und die Kümmelsamen
hinzufügen. Das Kraut etwa 8–10 Minuten dünsten.

7 Die Kartoffeln schälen, grob raffeln und leicht salzen.

120 g milder Emmentaler,
grob geraffelt
250 g Sahne
100 ml Vollmilch
2 Eigelb
1 Ei
2 Knoblauchzehen,
fein gehackt
frisch geriebene
Muskatnuss
frisch gemahlener
schwarzer Pfeffer

8   Die Kartoffeln, das Speckkraut und 100 g des Emmentalers
immer abwechselnd in die mit Krautblättern ausgelegte
Form schichten.

9   Die Sahne, die Milch, die Eigelb und das Ei verquirlen, dann
den Knoblauch hinzufügen und die Mischung mit Muskatnuss, Salz und Pfeffer abschmecken. Die Mischung über
den Auflauf gießen. Die überstehenden Krautblätter über
dem Auflauf zusammenklappen und die Oberfläche mit dem
restlichen Emmentaler bestreuen. Die Form mit Alufolie
bedecken.

10   Den Auflauf im auf 180 °C vorgeheizten Backofen 1½ Stunden auf der mittleren Schiene garen. Dann die Temperatur
auf 160 °C reduzieren, die Alufolie entfernen und den Auflauf weitere 30 Minuten fertig garen.

11   Den fertigen Auflauf aus dem Ofen nehmen, 15 Minuten
ruhen lassen, dann in Portionen schneiden und servieren.

Gefülltes Huhn
mit Kartoffeln, Salbei und Speck

Zutaten für 4 Personen

500 g kleinere, fest-
kochende Kartoffeln
(z. B. Sieglinde, La Ratte
oder Kipfler)

Salz

1 küchenfertiges
Brathähnchen (ca. 1,3 kg)

frisch gemahlener
schwarzer Pfeffer

2 Zweige Rosmarin

1 Bund Salbei (ca. 40 g)

$^{1}/_{2}$ Bund
glatte Petersilie (ca. 20 g)

4 EL Olivenöl

1 EL grob geschroteter
schwarzer Pfeffer

5 Knoblauchzehen,
geschält

Abrieb von $^{1}/_{2}$ unbehandelten Zitrone

etwas Olivenöl extra
vergine zum Beträufeln

125 ml trockener
Weißwein

4 Scheiben
Frühstücksspeck

Zubereitungszeit: 2 Stunden

1 Die Kartoffeln waschen, in einen Topf geben, mit Wasser bedecken und salzen. Das Wasser zum Kochen bringen und die
Kartoffeln darin etwa 15–20 Minuten bissfest kochen, dann
durch ein Sieb schütten. In einer Schüssel abkühlen lassen.

2 Das Huhn waschen und mit Küchenkrepp trockentupfen,
dann innen und außen mit Salz und Pfeffer einreiben.

3 Die Rosmarinnadeln abrebeln und mit den Salbeiblättern
und der Petersilie vermengen. Die gemischten Kräuter grob
hacken und über die Kartoffeln geben. Das Olivenöl und den
geschroteten Pfeffer zugeben, salzen und alles vermengen.

4 Die Hälfte der Kräuterkartoffeln in das Huhn füllen. Das gefüllte Huhn mit der Brust nach oben in eine Fettpfanne oder
Auflaufform legen und die restlichen Kräuterkartoffeln und
die ganzen Knoblauchzehen um das Huhn geben.

5 Die fein geriebene Zitronenschale darübergeben, alles mit
dem Olivenöl beträufeln und den Wein dazugießen.

6 Die Speckscheiben der Länge nach über die Hühnerbrust
legen und mit den Handflächen leicht festdrücken.

7 Die Fettpfanne mit Alufolie abdecken und das gefüllte Huhn
im auf 160 °C vorgeheizten Backofen 60 Minuten braten.
Dann die Folie entfernen, eventuell noch etwas Flüssigkeit
(Weißwein oder Geflügelfond) hinzugeben und das Huhn ca.
25 Minuten bei gleicher Temperatur weiterbraten.

8 Die Fettpfanne aus dem Ofen nehmen. Das gefüllte Huhn
etwa 5 Minuten ruhen lassen, dann tranchieren und mit den
Kartoffeln und etwas Bratensaft auf 4 vorgewärmten Tellern
anrichten.

144

Geschmortes Entenkonfit mit Macaire-Nocken

Zutaten für 4 Personen

Für das Entenkonfit
6 Entenkeulen
Salz
1 kleine Karotte (ca. 100 g)
150 g Knollensellerie
1 Zwiebel
3 EL Sonnenblumenöl
125 ml trockener Rotwein
250 ml Rindersuppe
$1/4$ TL getrocknete Rosmarinnadeln
$1/4$ TL getrockneter Majoran
2 frische Lorbeerblätter
$1/2$ unbehandelte Orange
frisch gemahlener schwarzer Pfeffer
Salz

Für die Macaire-Nocken
800 g mehligkochende Kartoffeln (z. B. Bintje, Hermes oder Agria)
Salz

Zubereitungszeit: $1^1/_2$ Stunden (ohne Ruhezeit)

1   Die Entenkeulen mit Salz einreiben und zugedeckt etwa 1 Stunde ruhen lassen.

2   Die Karotte, den Sellerie und die Zwiebel schälen und jeweils in kleine Würfel schneiden.

3   Das Sonnenblumenöl in einem Bräter erhitzen und die Entenstücke darin von allen Seiten anbraten, dann aus dem Bräter nehmen.

4   Die Gemüsewürfel in dem Bratrückstand anbraten, dann mit dem Rotwein ablöschen, anschließend mit der Suppe auffüllen und den Rosmarin, den Majoran und die Lorbeerblätter hinzufügen.

5   Die ungeschälte Orangenhälfte in 4 Stücke schneiden und dazugeben, dann die Entenkeulen hineinlegen. Den Bräter abdecken und die Entenkeulen im auf 150 °C vorgeheizten Backofen ca. 50–60 Minuten schmoren.

6   Für die Macaire-Nocken die Kartoffeln schälen, vierteln, in einen Topf geben, mit Wasser bedecken und salzen. Das Wasser zum Kochen bringen und die Kartoffeln darin weich kochen. Die weichen Kartoffeln durch ein Sieb schütten und gut ausdampfen lassen. Die Kartoffeln noch heiß durch die Kartoffelpresse in eine Schüssel drücken.

1 Eigelb
50 g Butter
frisch geriebene
Muskatnuss
4 EL Butterschmalz
zum Ausbacken
etwas feinen Orangen-
abrieb zum Bestreuen

7   Das Eigelb und die Butter hinzufügen, mit Salz und frisch geriebener Muskatnuss würzen und gut vermengen.

8   Das Butterschmalz in einer Pfanne erhitzen. Von dem Kartoffelteig gleich große Nocken abstechen. Die Nocken portionsweise in dem heißen Butterschmalz von allen Seiten goldbraun ausbacken. Die fertigen Macaire-Nocken aus der Pfanne heben, kurz auf Küchenkrepp abtropfen lassen und dann im auf 60 °C vorgeheizten Backofen warm stellen.

9   Das Entenkonfit aus dem Ofen nehmen, das Fleisch und die Orangenviertel aus der Sauce nehmen. Die Sauce mit dem Pürierstab fein pürieren und auf die gewünschte Konsistenz einkochen lassen. Die Sauce dann mit Salz und Pfeffer abschmecken. Die Entenkeulen wieder in die Sauce legen und kurz darin ziehen lassen.

10 Das Entenkonfit mit der Sauce und den Macaire-Nocken anrichten und mit frisch geriebener Orangenschale bestreuen.

147

Tandoorihuhn mit Lemon-Potato-Mash

Zutaten für 4 Personen

Für das Tandoorihuhn
4 große Hühnerkeulen
(à ca. 160 g)
Salz
$\frac{1}{2}$ TL Chilipulver
4 EL frisch gepresster
Zitronensaft
350 ml Naturjoghurt
(3,5 % Fettgehalt)
2 Knoblauchzehen,
fein gehackt
1 TL Kreuzkümmelsamen
1 TL Koriander
$\frac{1}{2}$ TL Kurkuma
$\frac{1}{2}$ TL Garam-Masala-
Pulver (indische Gewürz-
mischung)
1 daumengroßes Stück
frischer Ingwer, geschält

Zubereitungszeit: 1 Stunde 20 Minuten, Marinierzeit: 5–6 Stunden

1   Die Hühnerkeulen enthäuten, am Gelenk teilen und das Fleisch mehrmals mit einem Messer einschneiden. Die Hühnerkeulen salzen, mit Chilipulver würzen und mit dem Zitronensaft beträufeln.

2   Den Joghurt mit dem Knoblauch, den Kreuzkümmelsamen, dem Koriander, dem Kurkuma und dem Garam-Masala-Pulver verrühren.

3   Den Ingwer schälen, fein hacken und unter den Joghurt rühren.

4   Die Hühnerteile in eine Schale legen, mit der Marinade bedecken und mindestens 5–6 Stunden (am besten über Nacht) im Kühlschrank ziehen lassen.

5   Die marinierten Hühnerteile 30 Minuten vor der weiteren Zubereitung aus der Kühlung nehmen.

6   Ein Backblech mit Backtrennpapier oder Alufolie bedecken. Die marinierten Hühnerteile darauf verteilen. Die Hühnerteile im auf 150 °C vorgeheizten Backofen auf der mittleren Schiene 45–50 Minuten braten. Die Hühnerteile dabei immer wieder mit dem austretenden Bratensaft übergießen.

Für das Lemon-Potato-Mash

1 kg mehligkochende Kartoffeln (z. B. Hermes, Agria oder Tosca)

Salz

375 ml Vollmilch

100 g gesalzene Butter

1 TL Abrieb von 1 unbehandelten Limette

2 EL frisch gepresster Limettensaft

4 in Salz eingelegte Kapern

4 EL Korianderblättchen

4 unbehandelte Limettenspalten

7 Für das Lemon-Potato-Mash die Kartoffeln schälen, vierteln, in einen Topf geben, mit Wasser bedecken und salzen. Das Wasser zum Kochen bringen und die Kartoffeln darin weich kochen. Die weichen Kartoffeln durch ein Sieb schütten und ausdampfen lassen.

8 Die Milch erwärmen und die Butter darin auflösen.

9 Die heißen Kartoffeln mit einer Gabel oder einem Kartoffelstampfer grob zerstampfen. Den Kartoffelstampf mit der Butter-Milch-Mischung glatt rühren.

10 Den feinen Limettenabrieb und den Limettensaft in das Kartoffelpüree rühren.

11 Die Kapern grob hacken und mit dem Koriander unter das Püree mengen, bei Bedarf leicht nachsalzen.

12 Das Thandoorihuhn mit dem Lemon-Potato-Mash und einer Limettenspalte in 4 tiefen Tellern anrichten.

Tipp: Statt mit frischem Koriander können Sie das Mash auch mit Blattpetersilie zubereiten.

Geschmorte Kalbsvögerl in Orangen-Fenchelfond mit schwarzem Kartoffelstampf

Zutaten für 4 Personen

Für die Kalbsvögerl
1 kg Kalbsvögerl
(ausgelöste Kalbswade)
Salz
frisch gemahlener
schwarzer Pfeffer
3 Gemüsezwiebeln
200 g Staudensellerie,
geputzt
150 g Karotten, geschält
50 g Butter
2 EL Sonnenblumenöl
1 EL Fenchelsamen
1 daumengroßes Stück un-
behandelte Orangenschale
1 Gewürznelke
2 frische Lorbeerblätter
120 ml Wermut
(etwa Noilly Prat)
120 ml Weißwein (Grau-
oder Weißburgunder)
220 ml Kalbsfond oder
Rindersuppe

Zubereitungszeit: 3 Stunden (ohne Ruhezeit)

1 Das Kalbfleisch mit Salz und Pfeffer würzen und zugedeckt etwa 40 Minuten ruhen lassen.

2 Die Zwiebeln halbieren und in feine Streifen schneiden.

3 Den Sellerie und die Karotten in feine Scheiben schneiden.

4 Die Butter in einem Bräter zerlassen, das Sonnenblumenöl hinzufügen und das Kalbfleisch darin von allen Seiten anbraten, dann aus dem Bräter nehmen.

5 Die Zwiebelstreifen in dem Bratrückstand anschwitzen, dann den Sellerie und die Karotten hinzufügen und 3–4 Minuten mitbraten. Dann die Fenchelsamen, die Orangenschale, die Gewürznelke und die Lorbeerblätter hinzufügen. Kurz mitbraten, dann mit dem Wermut ablöschen und diesen fast gänzlich einkochen lassen.

6 Alles mit dem Weißwein, dem Kalbsfond und 120 ml Wasser auffüllen. Das Fleisch im auf 120 °C vorgeheizten Backofen etwa $2\frac{1}{2}$ Stunden schmoren. Das Fleisch während der Garzeit zwei- oder dreimal wenden.

(Fortsetzung von Seite 151)

Für den Kartoffelstampf
1 kg mehlig- bis vorwiegend festkochende Kartoffeln (z. B. Hermes, Bintje oder Heidenreichsteiner Rote)

Salz

120 g schwarze, entsteinte Oliven

80 ml Olivenöl extra vergine

frisch gemahlener schwarzer Pfeffer

1 EL Thymianblättchen

frischer Orangenabrieb zum Abschmecken

7 Während das Fleisch gart, die Kartoffeln für den schwarzen Kartoffelstampf schälen, vierteln, in einen Topf geben, mit Wasser bedecken und salzen. Das Wasser zum Kochen bringen und die Kartoffeln darin weich kochen. Die Kartoffeln durch ein Sieb schütten, zurück in den Topf geben, diesen auf die ausgeschaltete Herdplatte stellen und die Kartoffeln gut ausdampfen lassen.

8 Die Oliven fein hacken.

9 Die Kartoffeln zerstampfen und mit dem Olivenöl verrühren. Die gehackten Oliven untermengen und den Kartoffelstampf mit Salz und Pfeffer abschmecken. Zum Schluss den Thymian untermengen.

10 Den Bräter nach Ende der Garzeit aus dem Ofen nehmen und die Sauce mit Salz, Pfeffer und frischem Orangenabrieb abschmecken. Das Fleisch in Tranchen schneiden und mit dem Schmorgemüse und dem schwarzen Kartoffelstampf auf 4 Tellern anrichten.

Hachis Parmentier

Zutaten für 4 Personen

500 g gekochtes Rind-
fleisch (am besten am
Vortag zubereitet)

4 Schalotten, geschält

100 g Butter

50 g entrindetes Weißbrot
oder Toastbrot

250 ml lauwarme Vollmilch

2 Knoblauchzehen,
fein gehackt

Salz

frisch gemahlener
schwarzer Pfeffer

500 g mehligkochende
Kartoffeln (z. B. Hermes
oder Agria)

frisch geriebene
Muskatnuss

4 EL Semmelbrösel

Zubereitungszeit: 50 Minuten

1　Das Fleisch in sehr kleine Würfel schneiden oder durch die grobe Scheibe des Fleischwolfs drücken.

2　Die Schalotten in kleine Würfel schneiden.

3　30 g Butter in einer Pfanne zerlassen und die Schalotten-würfel darin hell anbraten, dann abkühlen lassen.

4　Das Weißbrot in Würfel schneiden, mit der Hälfte der lau-warmen Milch übergießen und ca. 5 Minuten ziehen lassen.

5　Das Fleisch mit den Schalottenwürfeln und dem eingeweich-ten Weißbrot (mit der Einweichmilch) vermengen, den Knob-lauch hinzufügen und die Masse kräftig mit Salz und Pfeffer abschmecken.

6　Eine Auflaufform (ca. 20 x 25 cm oder vier kleinere Formen) mit 20 g Butter ausstreichen und die Fleischmasse hinein-füllen.

7　Die Kartoffeln schälen, vierteln, in einen Topf geben, mit Wasser bedecken und salzen. Das Wasser zum Kochen bringen und die Kartoffeln darin weich kochen. Die weichen Kartoffeln durch ein Sieb schütten und gut ausdampfen lassen. Die Kartoffeln noch heiß mit einer Gabel zerdrücken.

8　Die zerdrückten Kartoffeln mit 50 g weicher Butter und 125 ml lauwarmer Milch zu einem Püree verarbeiten, dann mit Salz und frisch geriebener Muskatnuss abschmecken.

9　Das Kartoffelpüree auf die Fleischmasse streichen, dann mit den Semmelbröseln bestreuen. Die Auflaufform in den auf 180 °C vorgeheizten Backofen schieben und das Hachis etwa 30 Minuten überbacken. Abschließend heiß servieren.

Aus dem Ofen

Knuspriger Schweinebauch
mit »Strapaziknödeln«

Zutaten für 4 Personen

Für den Schweinebauch

1 kg Bauchfleisch vom
Schwein, ausgelöst, die
Schwarte mit einem schar-
fen Messer eingeschnitten

1 EL Salz

$\frac{1}{2}$ TL edelsüßes
Paprikapulver

1 EL Kümmelsamen

5 Knoblauchzehen,
geschält

250–350 ml Wasser
zum Aufgießen

Für die Knödel

550 g rohe mehlig-
kochende Kartoffeln
(z. B. Hermes oder Bintje)

300 g am Vortag gegarte,
ungeschälte mehlig-
kochende Kartoffeln
(z. B. Hermes oder Bintje)

150 g Topfen
(Quark, 20 % Fettgehalt)

2 EL Hartweizengrieß

2 EL Kartoffelstärke

Salz

Zubereitungszeit: 1 Stunde 45 Minuten, Ruhezeit: 45 Minuten

1   Den Schweinebauch mit dem Salz und dem Paprikapulver
einreiben, dann in einen Bräter legen, mit dem Kümmel
bestreuen und im geschlossenen Bräter etwa 45 Minuten
ruhen lassen.

2   Dann die ganzen Knoblauchzehen in dem Bräter verteilen,
125 ml Wasser angießen und das Fleisch im auf 160 °C
vorgeheizten Backofen auf der untersten Schiene etwa
95 Minuten braten. Nach 1 Stunde Garzeit 125 ml Wasser
angießen.

3   Für die »Strapaziknödel« die rohen Kartoffeln schälen (es
werden 300 g geschälte Kartoffeln benötigt) und in eine mit
kaltem Wasser gefüllte Schüssel reiben. Die Kartoffeln mit
dem Wasser durch ein Leinentuch schütten und gründlich
ausdrücken.

4   Die gegarten Kartoffeln schälen und durch die Kartoffelpresse drücken. Die Kartoffelmasse mit den roh geriebenen
Kartoffeln, dem Quark, dem Grieß, der Kartoffelstärke und
dem Salz zu einem gebundenen Teig verarbeiten. Aus dem
Kartoffelteig 8 gleich große Knödel formen.

(Fortsetzung von Seite 154)

5   Etwa 2 l Wasser in einem großen Topf zum Kochen bringen.
    Die Knödel in das kochende Wasser legen und bei mittlerer
    Hitze im offenen Topf etwa 20 Minuten ziehen lassen.

6   Die Backofentemperatur auf 250 °C erhöhen und das Fleisch
    20–25 Minuten weiterbraten, bis die Schwarte kusprig ist.
    Nach der Hälfte dieser Bratzeit eventuell noch das restliche
    Wasser angießen, wenn der Bratensaft schon zu dickflüssig
    ist. Wichtig: Die Flüssigkeit nicht auf die Schwarte gießen,
    sonst wird diese nicht knusprig.

7   Nach Ende der Garzeit den Ofen ausschalten, die Ofentüre
    einen Spalt öffnen und den Braten 10–15 Minuten ruhen
    lassen.

8   Das Fleisch in Tranchen schneiden und diese mit dem Bra-
    tensaft und den Knödeln auf 4 vorgewärmten Tellern anrich-
    ten.

Tipp: Wenn Sie den Knödelteig ohne Quark und Grieß zubereiten,
erhalten Sie statt »Strapaziknödeln« die ursprünglichen »Waldviertler Knödel«.

Aus dem Ofen

Schweinefilet in Senfsauce
mit gebackenen Pfefferkartoffeln

Zutaten für 4 Personen

500 g mittelgroße, festkochende Kartoffeln (z. B. Sieglinde, La Ratte oder Kipfler)

Salz

140 g Butter

5 Knoblauchzehen, geschält und in feine Streifen geschnitten

$1/2$ EL grob gemahlener schwarzer Pfeffer

2 große Schweinefilets (ca. 800 g)

frisch gemahlener schwarzer Pfeffer

2 EL Sonnenblumenöl

4 Schalotten, geschält und fein gehackt

150 ml weißer Portwein

400 ml Kalbsfond oder Rindersuppe

3 EL Dijonsenf

250 ml Sahne

2 EL gehackte glatte Petersilie

Zubereitungszeit: 1 Stunde und 20 Minuten

1 Die Kartoffeln schälen und längs vierteln. Die Kartoffeldachziegel in eine Auflaufform schichten und mit Salz bestreuen.

2 120 g Butter in einem Topf zerlassen und die Knoblauchscheiben darin anschwitzen, bis die Butter schäumt. Dann vom Herd nehmen und den Knoblauch mit Salz bestreuen.

3 Die Knoblauchbutter über die Kartoffeln gießen und alles mit dem grob gemahlenen Pfeffer bestreuen. Die Kartoffeln im auf 180 °C vorgeheizten Backofen 40–45 Minuten backen. Dabei alles wiederholt mit Knoblauchbutter übergießen.

4 Die Schweinefilets kräftig salzen und pfeffern.

5 20 g Butter in einer großen Bratpfanne zerlassen, dann das Sonnenblumenöl hinzufügen und die Schweinefilets darin von allen Seiten anbraten. Die angebratenen Filets aus der Pfanne nehmen und auf einen Teller legen.

6 Die Schalotten im Bratensatz anschwitzen, mit dem Portwein ablöschen und leicht einkochen lassen. Dann mit Kalbsfond auffüllen und 2–3 Minuten köcheln. Das Fleisch zugedeckt bei geringer Hitze 20 Minuten schmoren, ein- bis zweimal wenden.

7 Das gare Fleisch aus der Sauce nehmen. Den Senf und die Sahne in die Sauce geben, gut verrühren. Die Pfanne vom Herd nehmen, die Sauce mit Salz und Pfeffer abschmecken. Das Fleisch in der Sauce 6–8 Minuten ziehen lassen.

8 Die garen Pfefferkartoffeln aus dem Ofen nehmen, mit der gehackten Petersilie bestreuen und leicht durchmengen.

9 Die in Tranchen geschnittenen Filets mit der Sauce sowie den gebackenen Pfefferkartoffeln anrichten.

157

Schweinebraten mit Pflaumensauce und Kartoffelgratin

Zutaten für 4–6 Personen

Für den Schweinebraten
1 kg küchenfertiges Schweinekotelett (am Stück)
2 kleine Knoblauchzehen, fein gehackt
2 TL gemahlener Piment
Salz
frisch gemahlener schwarzer Pfeffer
3 EL Olivenöl

Für das Kartoffelgratin
1 kg festkochende Kartoffeln (z. B. Sieglinde oder La Ratte)
20 g Butter für die Form
Salz
500 ml Sahne
frisch gemahlener schwarzer Pfeffer
frisch geriebene Muskatnuss
100 g geriebener Gruyère

Für die Pflaumensauce
1 kleine Schalotte
2 EL Olivenöl extra vergine
1 TL Puderzucker
2 Knoblauchzehen, zerdrückt
1 TL fein geriebener frischer Ingwer
500 ml Pflaumenwein

Zubereitungszeit: 3$^1/_2$ Stunden, Ruhezeit: 3 Stunden

1 Das Schweinekotelett mit dem Knoblauch und dem Piment einreiben, salzen und pfeffern, dann in einen Bräter legen. Das Olivenöl darübergießen und das Fleisch im geschlossenen Bräter etwa 3 Stunden bei Zimmertemperatur ruhen lassen.

2 Für das Gratin die Kartoffeln schälen und in dünne Scheiben schneiden.

3 Eine Auflaufform mit Butter ausfetten, die Kartoffelscheiben fächerförmig hineinlegen und salzen.

4 Die Sahne mit Salz, Pfeffer und Muskatnuss würzen, dann über die Kartoffeln gießen. Den Gruyère darüberstreuen und die Form mit Alufolie abdecken. Die Kartoffeln im auf 180 °C vorgeheizten Backofen etwa 40 Minuten garen. Dann die Alufolie entfernen und die Kartoffeln weitere 20 Minuten garen. Das fertige Gratin aus dem Ofen nehmen und zugedeckt beiseitestellen.

5 Für die Pflaumensauce die Schalotte schälen und fein hacken.

6 Das Olivenöl in einem Topf erhitzen, dann den Puderzucker hinzufügen und zu Karamell schmelzen. Die Schalottenstücke, den Knoblauch und den Ingwer in den Karamell geben und kurz anschwitzen. Anschließend mit dem Pflaumenwein ablöschen und mit der Bouillon und dem Johannisbeersaft auffüllen. Danach die Trockenpflaumen und die Gewürznelken in die Sauce geben.

158

(Fortsetzung von Seite 158)

125 ml Geflügelfond
125 ml Johannisbeersaft
50 g Trockenpflaumen
2 Gewürznelken
1 EL Johannisbeer-
marmelade oder -gelee
etwas Sojasauce
etwas Chilisauce
12 Trockenpflaumen
(2 pro Portion)
10 g dunkle Schokolade
(80 % Kakaogehalt),
in Stücke gebrochen

Zum Braten
3 EL Sonnenblumenöl
30 g Butter

7 Die Sauce bei mittlerer Hitze etwa 10–15 Minuten kochen lassen, dann mit dem Pürierstab pürieren und durch ein Sieb streichen. Die Johannisbeermarmelade in die passierte Sauce rühren und die Sauce mit Sojasauce, Chilisauce, Salz und Pfeffer pikant abschmecken.

8 Die restlichen Trockenpflaumen und die in Stücke gebrochene Schokolade in die Sauce rühren und die Sauce 3–4 Minuten kochen lassen.

9 Das Schweinekotelett in einen Bräter legen und ein Bratenthermometer in die dickste Stelle des Fleischs stechen. Den Bräter in den auf 80 °C vorgeheizten Backofen stellen und das Fleisch ca. 90 Minuten auf einer Kerntemperatur von 50 °C braten. Sobald diese Kerntemperatur erreicht ist, den Bräter aus dem Ofen nehmen und die Ofentemperatur auf 60 °C reduzieren.

10 Das Sonnenblumenöl in einer großen Pfanne erhitzen und die Butter darin zerlassen. Das Fleisch darin von allen Seiten anbraten, dann mit der Pflaumensauce übergießen und den Bräter zurück in den Backofen stellen. Das Fleisch 30 Minuten im Ofen ruhen lassen.

11 Das Kartoffelgratin in dieser Zeit zu dem Fleisch in den Ofen stellen.

12 Den Schweinebraten und das Kartoffelgratin in Scheiben schneiden und mit der bei Bedarf nochmals erhitzten Pflaumensauce auf 4 vorgewärmten Tellern anrichten.

Tipp: Für einen etwas herberen Saucengeschmack können Sie den Pflaumenwein durch Rotwein ersetzen.

Curryrinderfilet mit Spinat-kartoffeln im Knusperteig

Zutaten für 4 Personen

100 g rote Currypaste (erhältlich im Asialaden oder in gut sortierten Supermärkten)

2 EL trockener Weißwein

4 Rinderfilets (à ca. 150 g)

500 g festkochende Kartoffeln (z. B. Sieglinde, Kipfler oder Rosa Tannen-zapfen)

Salz

100 g Sauerrahm (saure Sahne, 15 % Fettgehalt)

100 g Crème fraîche

1 kleine Knoblauchzehe, fein gehackt

frisch gemahlener schwarzer Pfeffer

4 Blätter Filoteig (jeweils ca. 30 x 30 cm, erhältlich im türkischen Lebensmittelgeschäft oder im gut sortierten Supermarkt)

80 g flüssige Butter

200 g junge Spinatblätter

Zubereitungszeit: 40 Minuten (ohne Ruhezeit)

1 Die rote Currypaste mit dem Wein glatt rühren.

2 Jedes Rinderfilet in 6 gleich große Stücke schneiden. Die Filetstücke in eine Schüssel geben, die Currypaste darüber-geben und vermengen. Das Fleisch etwa 30 Minuten bei Zimmertemperatur ruhen lassen.

3 Die Kartoffeln schälen, in etwa 1 cm große Würfel schneiden, in einen Topf geben, mit Wasser bedecken, salzen und 10 Mi-nuten weich kochen, dann abschütten und abtropfen lassen.

4 Den Sauerrahm mit der Crème fraîche glatt rühren, den Knob-lauch hinzufügen und mit Salz und Pfeffer abschmecken.

5 Die Filoteigblätter aus der Packung nehmen, das erste Teigblatt abnehmen und die restlichen mit einem feuchten Geschirrtuch bedecken. Das erste Filoteigblatt mit flüs-siger Butter bestreichen, und zu einem Rechteck einmal zusammenklappen. Das Blatt mit 2 EL Knoblauchcreme bestreichen, dann mit einigen Spinatblättern belegen. Darauf 6 marinierte Fleischwürfel und 2–3 weiche Kartof-felwürfel geben. Die seitlichen Teigränder einschlagen und das Teigblatt aufrollen. Die Teigtasche auf ein mit Back-trennpapier bedecktes Backblech legen. Den beschriebenen Vorgang mit den restlichen Teigblättern wiederholen, bis alle Zutaten aufgebraucht sind.

6 Die fertig vorbereiteten Teigtaschen mit der restlichen But-ter bestreichen und im auf 200 °C vorgeheizten Backofen ca. 15 Minuten knusprig backen.

Geschmortes Rindfleisch
mit Winteraroma und Kartoffeln

Zutaten für 4 Personen

1 kg Rindfleisch
(z. B. Schulterscherzel =
falsches Filet, Bugspitz)

60 g Frühstücksspeck

1 EL grob gemahlener
schwarzer Pfeffer

1 EL getrockneter
Rosmarin

Salz

3 EL Sonnenblumenöl

500 ml trockener Rotwein

500 ml Rindersuppe

500 g Schalotten, geschält

2 frische Lorbeerblätter

5 getrocknete
Wacholderbeeren

1 Zimtstange

2 daumengroße Stücke un-
behandelte Orangenschale

500 g festkochende
Kartoffeln (z. B. Ditta,
La Ratte oder Laura)

80 g getrocknete Feigen

Zubereitungszeit: 3 Stunden

1 Das Rindfleisch etwa 30 Minuten vor der Zubereitung aus der Kühlung nehmen.

2 Den Speck grob schneiden und mit dem Pfeffer, dem Rosmarin und etwas Salz im Mixaufsatz der Küchenmaschine zu einer groben Paste verarbeiten.

3 Das Fleisch in etwa 3 cm große Würfel schneiden. Die Fleischwürfel gut mit der Speckpaste vermengen.

4 Das Sonnenblumenöl in einem Bräter erhitzen und die Fleischwürfel darin von allen Seiten anbraten. Dann mit dem Rotwein ablöschen und aufkochen. Mit der Rindersuppe auffüllen und die Schalotten, die Lorbeerblätter, die Wacholderbeeren, die Zimtstange und die Orangenschale hinzufügen.

5 Den zugedeckten Bräter in den auf 140 °C vorgeheizten Backofen schieben und das Fleisch etwa 1 Stunde schmoren.

6 Während das Fleisch schmort die Kartoffeln schälen und je nach Größe halbieren oder vierteln.

7 Die Feigen vierteln und mit den Kartoffeln nach 1 Stunde Garzeit in den Bräter geben. Das Fleisch 1 weitere Stunde schmoren. Dabei gelegentlich umrühren und bei Bedarf etwas Flüssigkeit (Rindersuppe) hinzufügen.

8 Das gare Ragout aus dem Ofen nehmen und bei Bedarf mit Salz abschmecken. Vor dem Servieren im geschlossenen Bräter 10 Minuten ruhen lassen.

Hirschkalbsrücken mit Maronen und Kartoffel-»Birnen«

Zutaten für 4 Personen

Für das Würzen des Hirschkalbsrückens
1,2 kg ausgelöster Hirschkalbsrücken
Salz
frisch gemahlener schwarzer Pfeffer
4 frische Wacholderbeeren, zerdrückt

Für die Kartoffel-»Birnen«
600 g mehligkochende Kartoffeln (z. B. Hermes, Bintje oder Agria)
50 g weiche Butter
125 ml Sahne
1 Eigelb
2 EL Kartoffelstärke
30 g fein geriebener Parmesan
Salz
frisch geriebene Muskatnuss
Butter für die Form
8 Gewürznelken
1 verquirltes Eigelb zum Bestreichen

Zubereitungszeit: 2 Stunden (ohne Ruhezeit)

1 Den Hirschkalbsrücken aus der Kühlung nehmen, mit Salz, Pfeffer und Wacholderbeeren einreiben, dann zugedeckt 30 Minuten ruhen lassen.

2 Für die Kartoffel-»Birnen« die Kartoffeln waschen, auf ein Backblech legen und im auf 180 °C vorgeheizten Backofen etwa 1 Stunde garen.

3 Die garen Kartoffeln halbieren, das Innere mit einem Teelöffel herausnehmen, in eine Schüssel geben und mit einer Gabel zerdrücken.

4 Die weiche Butter, die Sahne, das Eigelb und die Kartoffelstärke sowie den Parmesan zu den zerdrückten Kartoffeln geben und alles zu einer weichen Creme verarbeiten. Die Kartoffelcreme mit Salz und frisch geriebener Muskatnuss abschmecken.

5 Die Kartoffelcreme in einen Spritzbeutel mit glatter Tülle füllen und birnenförmig in eine mit Butter ausgestrichene Auflaufform oder ein gefettetes Backblech spritzen. Auf diese Weise 8 »Birnen« herstellen. In jede »Birne« eine Gewürznelke als Stiel stecken. Die »Birnen« mit verquirltem Eigelb bepinseln und beiseitestellen.

(Fortsetzung von Seite 164)

Für das Braten des Hirsch-kalbsrückens
3 EL Sonnenblumenöl

4 Zweige Rosmarin

4 Schalotten,
geschält und halbiert

150 ml Wildfond

200 g gegarte Maronen

6   Das Sonnenblumenöl in einem Bräter erhitzen und den Hirschkalbsrücken darin von allen Seiten anbraten. Dann den Rosmarin und die halbierten Schalotten hinzufügen und kurz mitbraten.

7   Das Fleisch mit dem Wildfond aufgießen, die Maronen hinzufügen und das Fleisch im auf 80 °C vorgeheizten Backofen 35–40 Minuten auf einer Kerntemperatur von 62 °C (untere Schiene) braten.

8   Das Fleisch aus dem Ofen nehmen und 10 Minuten auf einem Brett ruhen lassen.

9   Die Sauce im Bräter auf die Hälfte reduzieren und mit Salz und Pfeffer abschmecken.

10 Die Kartoffel-»Birnen« im nun auf 200 °C vorgeheizten Backofen auf der mittleren Schiene 10 Minuten goldgelb backen.

11 Das Fleisch in Tranchen schneiden, mit den Kartoffel-»Birnen«, den Maronen, den Schalotten und etwas Bratensauce auf 4 Tellern anrichten.

Mini-Moussaka

Zutaten für 12 Stück

400 g große, fest-
kochende Kartoffeln
(z. B. Ditta, Sieglinde oder
Linzer Delikatess)

Salz

8–9 EL Olivenöl

2 kleine Zwiebeln,
geschält und fein gehackt

500 g Lammfleisch
aus der Keule, grob durch
den Wolf gedreht

2 große Fleischtomaten

2 Knoblauchzehen,
fein gehackt

$\frac{1}{2}$ TL getrockneter
Rosmarin

1 kleine Zimtstange

250 ml Rindersuppe

frisch gemahlener
schwarzer Pfeffer

2 kleine Auberginen

Zubereitungszeit: 1 Stunde 45 Minuten

1 Die Kartoffeln gründlich waschen, in einen Topf geben, mit Wasser bedecken und salzen. Das Wasser zum Kochen bringen und die Kartoffeln darin weich kochen. Die weichen Kartoffeln durch ein Sieb schütten, gut abtropfen lassen, dann pellen und abkühlen lassen.

2 4 EL Olivenöl in einer Pfanne erhitzen und die Zwiebeln darin glasig schwitzen.

3 Das Lammfleisch in die Pfanne geben und 4–6 Minuten scharf anbraten.

4 Die Fleischtomaten waschen, halbieren und den Strunk herausschneiden. Die Tomaten in große Würfel schneiden und zu dem Fleisch in die Pfanne geben.

5 Dann den Knoblauch, den Rosmarin und den Zimt hinzufügen und alles mit der Suppe auffüllen, dann mit Salz und Pfeffer abschmecken. Den Fond etwa 30 Minuten köcheln lassen, bis er leicht sämig ist, dann bei Bedarf erneut abschmecken.

6 Die Auberginen waschen, trocknen und den Stielansatz abschneiden. Die Auberginen quer in ca. $\frac{1}{2}$ cm dicke Scheiben schneiden.

(Fortsetzung von Seite 167)

250 g milder Fetakäse

7 Das restliche Olivenöl in einer Pfanne erhitzen und die Auberginenscheiben darin portionsweise hellbraun anbraten. Die angebratenen Auberginen salzen.

8 Die gepellten Kartoffeln quer in ca. $1/2$ cm dicke Scheiben schneiden, dann mit Salz und Pfeffer bestreuen.

9 Die Vertiefungen eines Muffinblechs (mit 6 Mulden, Füllmenge gesamt ca. 120 g) mit Öl auspinseln. In jede Vertiefung 2 Auberginenscheiben legen. Darauf etwas Lammragout geben. Auf das Lammragout je 1 Kartoffelscheibe legen. Diesen Vorgang wiederholen, bis die Vertiefungen gefüllt sind. Jeweils mit 1 Auberginenscheibe abschließen, dann den Feta grob darüberbröseln.

10 Die Mini-Moussakas im auf 180 °C vorgeheizten Backofen 25–30 Minuten garen.

11 Danach das Muffinblech aus dem Ofen nehmen und die Mini-Moussakas etwa 6–8 Minuten ruhen lassen. Die Mini-Moussakas dann mit einem Esslöffel vorsichtig aus den Mulden heben und servieren.

Tipp: Sie können die Mini-Moussakas auch in ofenfeste (Soufflé-)Förmchen füllen und darin servieren.

Rindsrouladen mit Kartoffel-Speck-Füllung und Krautgemüse

Zutaten für 4 Personen

Für die Rouladen
4 Rinderrouladen (z. B. aus der Oberschale), à 180 g

Für die Kartoffel-Speck-Füllung
300 g mehligkochende Kartoffeln (z. B. Bintje, Hermes oder Agria)
100 g Räucherspeck
3 Zwiebeln
Salz
frisch gemahlener schwarzer Pfeffer
4 TL Dijonsenf
8 EL Sonnenblumen- oder Maiskeimöl

Zubereitungszeit: 2 Stunden

1 Das Fleisch 30 Minuten vor der Zubereitung aus der Kühlung nehmen.

2 Die Rinderschnitzel dann mit Frischhaltefolie bedecken und mit der flachen Seite des Fleischklopfers oder einem Plattiereisen dünn ausklopfen.

3 Für die Kartoffel-Speck-Füllung die Kartoffeln schälen und in dickere Stifte schneiden.

4 Den Speck in Streifen schneiden.

5 Die Zwiebeln schälen, eine Zwiebel in Ringe schneiden, die beiden anderen fein würfeln und beiseitestellen.

6 Jedes Rinderschnitzel mit Salz und Pfeffer bestreuen und mit 1 TL Senf bestreichen. Darauf den Speck, die Zwiebelringe und einige Kartoffelstifte legen, die Seiten hochklappen und die Schnitzel fest zu Rouladen rollen. Die Rouladen mit Küchengarn zusammenbinden. Sollten Zutaten der Füllung übrigbleiben, diese für den Saucenansatz aufbewahren.

7 Das Sonnenblumenöl in einer Kasserolle erhitzen und die Rouladen darin von allen Seiten anbraten. Die angebratenen Rouladen aus der Kasserolle nehmen.

169

ca. 500 ml Rindersuppe
1 getrocknetes
Lorbeerblatt

Für das Krautgemüse
500 g Weißkraut
1 Zwiebel, geschält
50 g Griebenschmalz
$\frac{1}{2}$ TL Kümmelsamen
250 ml Rindersuppe
Salz
frisch gemahlener
schwarzer Pfeffer

(Fortsetzung von Seite 169)

8   Die beiden restlichen Zwiebeln und die von der Füllung übrig gebliebenen Kartoffeln in dem Bratrückstand und unter Zugabe des restlichen Olivenöls anbraten. Den Bratensatz mit der Rindersuppe aufgießen und die Rouladen und das Lorbeerblatt hineingeben. Die Rouladen in der zugedeckten Kasserolle im auf 150 °C vorgeheizten Backofen 90 Minuten schmoren.

9   Während die Rouladen schmoren, das Weißkraut vom Strunk befreien und in sehr dünne Streifen schneiden. Die Krautstreifen in eine Schüssel geben und mit kochendem Wasser übergießen. Das Kraut 15 Minuten ziehen lassen, dann durch ein Sieb schütten.

10 Die Zwiebel in feine Würfel schneiden.

11 Das Griebenschmalz in einer Pfanne zerlassen und die Zwiebelwürfel darin anschwitzen. Das Weißkraut sowie die Kümmelsamen hinzufügen und mit der Rindersuppe auffüllen. Das Kraut im geschlossenen Topf 10 Minuten dünsten, dann mit Salz und Pfeffer abschmecken.

12 Die garen Rouladen aus der Kasserolle nehmen und vom Küchengarn befreien. Die Sauce mit dem Pürierstab pürieren, salzen und die Rouladen 5 Minuten darin ziehen lassen.

13 Die Rouladen mit der Sauce und dem Kraut auf 4 Tellern anrichten und servieren.

Kartoffelfladen mit Salbei

Zutaten für 4 Personen

Für den Teig
350 g Weizenmehl
(Type 405)
1 EL Salz
25 g frische Hefe
1 TL flüssiger Honig
3 EL Olivenöl extra vergine
etwas Weizenmehl für die
Arbeitsfläche

Für den Belag
2 Knoblauchzehen
$^{1}/_{2}$ Bund Salbei (ca. 30 g)
120 ml Olivenöl
250 g bunte, festkochende
bis vorwiegend fest-
kochende Kartoffeln (z. B.
Cylamen, Trüffelkartoffel,
Blaue Elise, Roseval)

Zubereitungszeit: 2 Stunden

1 Für den Teig das Mehl gemeinsam mit dem Salz in eine Rühr-schüssel sieben.

2 Die Hefe mit dem Honig glatt rühren, dann mit dem Olivenöl und ca. 220 ml lauwarmem Wasser zu dem Mehl geben. Die Mischung in der Küchenmaschine (Knethaken) etwa 10 Minu-ten zu einem glatten Teig verkneten.

3 Die Schüssel mit einem Küchentuch abdecken und den Hefeteig etwa 1 Stunde an einem warmen Ort gehen lassen. (Hinweis: Das Volumen des Teigs sollte sich verdoppeln.)

4 Für den Belag die Knoblauchzehen in sehr feine Scheiben schneiden.

5 Die Salbeiblätter grob hacken.

6 Das Olivenöl in einem kleinen Topf erhitzen, die Knoblauch-scheiben und den Salbei hineingeben, den Topf vom Herd nehmen und den Inhalt etwa 10 Minuten ziehen lassen.

7 Die Kartoffeln schälen, waschen, sehr fein hobeln und bis zum Weiterverarbeiten mit einem feuchten Geschirrtuch abdecken.

(Fortsetzung von Seite 173)

5 EL fein geriebener
Pecorino
Salz
frisch gemahlener
schwarzer Pfeffer

8   Den Hefeteig nochmals zusammenkneten, dann auf einer bemehlten Arbeitsfläche zu einem ca. 2 cm dicken Fladen ausrollen. Den Fladen auf ein mit Olivenöl bestrichenes Backblech (ca. 30 x 45 cm) legen und mit den Händen auseinanderziehen, sodass der Teig etwa das gesamte Blech bedeckt. Den Teig weitere 20 Minuten gehen lassen.

9   Mit einem Kochlöffelstiel kleine Mulden in den Teig drücken und die Teigoberfläche mit der Hälfte des Salbeiöls bestreichen. Die Hälfte des Pecorinos darüberstreuen, dann mit den Kartoffelscheiben belegen. Den Fladen mit Salz und Pfeffer bestreuen, danach den restlichen Pecorino darüberstreuen und das restliche Olivenöl darüberträufeln.

10   Den Fladen im auf 200 °C vorgeheizten Backofen auf der mittleren Schiene etwa 20 Minuten backen. Den fertigen Fladen aus dem Ofen nehmen, etwas abkühlen lassen, dann in Stücke schneiden.

Tipp: Servieren Sie den Fladen mit aufgeschnittenem Prosciutto di Parma und einem Glas Wein.

Tartiflette mit Cox Orange

Zutaten für 4 Personen

800 g festkochende Kartoffeln (z. B. Ditta oder Sieglinde)

Salz

3 große Zwiebeln

2 EL Sonnenblumenöl

2 Äpfel (Cox Orange)

1 EL Butter für die Form

300 ml Sahne

Salz

frisch gemahlener schwarzer Pfeffer

200 g Camembert

Zubereitungszeit: 1 Stunde

1 Die Kartoffeln schälen und in dünne Scheiben (ca. 3 mm) schneiden.

2 2 l Wasser mit $\frac{1}{2}$ TL Salz in einem Topf zum Kochen bringen und die Kartoffelscheiben darin bissfest kochen. Die gegarten Kartoffelscheiben abschütten und abkühlen lassen.

3 Die Zwiebeln schälen und in feine Ringe schneiden.

4 Das Sonnenblumenöl in einer Pfanne erhitzen und die Zwiebelringe darin hell anschwitzen.

5 Die Äpfel schälen, vierteln, die Kerngehäuse herausschneiden und die Äpfel in dünne Scheiben (ca. 3 mm) schneiden.

6 Die Kartoffeln, die Zwiebelringe und die Apfelscheiben abwechselnd – dachziegelartig – in eine mit Butter gefettete Auflaufform schichten.

7 Die Sahne mit Salz und Pfeffer abschmecken und über die Tartiflette gießen.

8 Den nicht entrindeten Camembert in Scheiben schneiden und diesen über die Tartiflette geben.

9 Die Tartiflette im auf 180 °C vorgeheizten Backofen etwa 35–40 Minuten garen.

Tipp: Servieren Sie die Tartiflette als Vorspeise mit marinierten Blattsalaten oder als Beilage zu gebratenem Schweinefleisch.

175

Kartoffel-Rosmarin-Kekse

Zutaten für 4 Personen

100 g mehligkochende
Kartoffeln (z. B. Bintje,
Hermes oder Agria)

Salz

170 g weiche Butter

170 g Frischkäse

150 g Weizenmehl
(Type 550)

2 EL grob gehackte
Rosmarinnadeln

$1/2$ TL Safranfäden

frisch gemahlener
schwarzer Pfeffer

etwas Weizenmehl
zum Ausarbeiten

1 Eigelb

1 Msp. Safranpulver

Zubereitungszeit: $1^1/_2$ Stunden

1 Die Kartoffeln schälen, vierteln oder achteln, in einen Topf geben, mit Wasser bedecken und leicht salzen. Das Wasser zum Kochen bringen und die Kartoffeln darin weich kochen, dann abschütten und gut abtropfen lassen.

2 Die heißen Kartoffeln in einen hohen Mixbecher geben und mit dem Pürierstab fein pürieren, dann abkühlen lassen.

3 Die weiche Butter mit dem Frischkäse, dem Kartoffelpüree und dem Mehl in eine Schüssel geben und grob zerbröseln. Dann den Rosmarin und die Safranfäden hinzugeben und die Masse mit Salz und Pfeffer abschmecken. Alles rasch zu einem Teig verkneten und diesen zugedeckt etwa 30 Minuten kalt stellen. Den Teig anschließend nochmals ausrollen, zweimal zusammenklappen und weitere 30 Minuten kalt stellen.

4 Den Teig auf einer bemehlten Arbeitsfläche 1 cm dick ausrollen. Den Teig einmal zusammenklappen und nochmals ausrollen, dieses Mal auf 4 mm. Aus der Teigfläche Kreise (5 cm Durchmesser) ausstechen und diese auf ein mit Backtrennpapier bedecktes Backblech legen.

5 Das Eigelb mit etwas Salz und dem Safranpulver verquirlen und die Teigkreise damit bestreichen. Die Teigkreise eventuell mit einigen Rosmarinnadeln belegen, dann im auf 180 °C vorgeheizten Backofen 20 Minuten backen. Die fertigen Kekse vom Backblech nehmen und abkühlen lassen.

Tipp: Diese Kekse passen gut zu einem Aperitiv.

Gebackene Kartoffelkolatschen mit Ziegenkäse und Minze

Zutaten für 4 Personen

Für die Kolatschen
500 g mehligkochende Kartoffeln (z. B. Agria oder Hermes)
Salz
150 g Ziegenfrischkäse
1 Knoblauchzehe, gehackt
Abrieb von $1/2$ unbehandelten Zitrone
2 EL Olivenöl extra vergine
1 EL gehackte Blattpetersilie
3 EL grob geschnittene Minzeblättchen
frisch gemahlener schwarzer Pfeffer

4 Blatt Strudel- oder Filoteig (aus dem Kühlregal; Filoteig ist erhältlich im türkischen Lebensmittelgeschäft oder im gut sortierten Supermarkt)
100 g flüssige Butter
200 g gemischte Blattsalate

Für die Marinade
6 EL Olivenöl extra vergine
1 TL scharfer Senf
4 EL Aceto balsamico
Salz
frisch gemahlener schwarzer Pfeffer

Zubereitungszeit: 1 Stunde

1 Die Kartoffeln waschen, in einen Topf geben, mit Wasser bedecken und salzen. Das Wasser zum Kochen bringen und die Kartoffeln darin weich kochen. Die weichen Kartoffeln durch ein Sieb schütten, gut abtropfen lassen, pellen und noch heiß mit einer Gabel zerdrücken. Die Kartoffelmasse abkühlen lassen.

2 Die Kartoffelmasse mit dem Ziegenkäse, dem Knoblauch, der fein geriebenen Zitronenschale und dem Olivenöl sowie der Petersilie und der Minze vermengen. Die Mischung mit Salz und Pfeffer abschmecken.

3 Zwei Teigblätter mit flüssiger Butter bestreichen. Die restlichen beiden Teigblätter darauflegen und die Oberflächen wieder mit Butter bestreichen. Die Teigblätter in etwa 12 cm große Quadrate schneiden.

4 Auf jedes Teigquadrat einen Esslöffel Füllung setzen und die überstehenden Teigränder zur Mitte hin zusammenfassen. Diese Kolatschen auf ein mit Backtrennpapier bedecktes Backblech legen. Die Oberflächen erneut mit flüssiger Butter bepinseln.

5 Die Kolatschen im auf 180 °C vorgeheizten Backofen auf der mittleren Schiene etwa 10–12 Minuten backen.

6 Für die Marinade das Olivenöl mit dem Senf und dem Balsamico verrühren und mit Salz und Pfeffer abschmecken. Die Marinade über den Salat geben und gut vermengen.

7 Den Salat auf 4 tiefe Teller verteilen und die heißen Kolatschen daraufsetzen.

In Salz gebackene Kartoffeln mit Olivenöl-Butter-Emulsion

Zutaten für 4 Personen

1 kg möglichst gleich große, festkochende Kartoffeln (z. B. Baby-kartoffeln der Sorte Sieglinde)

1 kg grobes Meersalz

100 g Butter

60 ml Olivenöl extra vergine

1 TL in Salz eingelegte Kapern

1 EL entsteinte schwarze Oliven

Abrieb von $^1/_2$ unbehandelten Zitrone

1 EL fein gehackte glatte Petersilie

Salz

frisch gemahlener schwarzer Pfeffer

Zubereitungszeit: 1 Stunde 20 Minuten

1 Die Kartoffeln gründlich waschen.

2 Eine Auflaufform mit der Hälfte des Meersalzes ausstreuen, die Kartoffeln daraufsetzen und mit dem restlichen Meer-salz bedecken. Etwa 125 ml Wasser über das Salz träufeln. Die Kartoffeln dann im auf 180 °C vorgeheizten Backofen auf der mittleren Schiene 40–50 Minuten weich garen. (Die exakte Garzeit richtet sich nach der Größe der Kartoffeln.)

3 Die Butter in einem kleinen Topf zerlassen – sie sollte flüssig sein, sich aber noch nicht in zwei Phasen (Molke und Fett) trennen. Das Olivenöl in die flüssige Butter geben, gut verrühren und die Mischung etwa 20 Minuten im Tiefkühl-fach erkalten lassen.

4 Die Kapern und die Oliven fein hacken.

5 Die Butter-Olivenöl-Mischung aus dem Tiefkühlfach nehmen und mit dem Handrührgerät schaumig schlagen. Dann die gehackten Kapern und Oliven, den feinen Zitronenabrieb und die gehackte Petersilie hinzufügen, vermengen und mit Salz und Pfeffer abschmecken.

6 Die garen Kartoffeln aus dem Ofen nehmen, aus der Salz-kruste brechen und mit der Olivenöl-Butter-Emulsion anrichten.

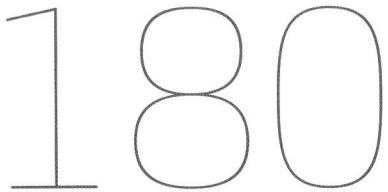

Rundes Kartoffelbrot
mit Leinsamen-Sesam-Kruste

Zutaten für 4 Laibe

Für den Teig
250 g mehligkochende
Kartoffeln (z. B. Bintje,
Hermes oder Agria)
Salz
400 g Weizenmehl
(Type 405)
$1^1/_2$ TL Salz
125 ml Vollmilch
2 EL Butter
20 g frische Hefe
1 TL flüssiger Honig

Für die Kruste
1 verquirltes Ei
4 EL Leinsamensaat
4 EL geschälte weiße
Sesamsaat

Zubereitungszeit: ca. $2^1/_2$ Stunden

1   Die Kartoffeln gründlich waschen, in einen Topf geben, mit Wasser bedecken und salzen. Das Wasser zum Kochen bringen und die Kartoffeln darin weich kochen. Die weichen Kartoffeln durch ein Sieb schütten, gut abtropfen lassen, pellen und noch heiß durch die Kartoffelpresse drücken. Die Kartoffelmasse abkühlen lassen.

2   Das Mehl mit dem Salz in eine Rührschüssel sieben.

3   Die Milch leicht erwärmen und die Butter darin auflösen.

4   Die Hefe mit dem Honig glatt rühren.

5   Die Kartoffeln, die Milch-Butter-Mischung und die Hefe-Honig-Mischung zu dem Mehl in die Schüssel geben und alles locker miteinander vermengen. Dann die Mischung in der Küchenmaschine (Knethaken) etwa 10 Minuten zu einem glatten Teig kneten.

6   Die Schüssel mit einem Küchentuch abdecken und den Hefeteig etwa 1 Stunde an einem warmen Ort gehen lassen. (Hinweis: Das Volumen des Teigs sollte sich verdoppeln.)

7   Den Hefeteig mit bemehlten Händen nochmals durchkneten und in 4 gleiche Portionen teilen. Diese zu Kugeln formen und auf ein leicht geöltes Backblech setzen. Alles mit einem Küchentuch abdecken und weitere 20 Minuten ruhen lassen.

8   Die Hefeteigkugeln mit dem verquirlten Ei bepinseln, dick mit Sesamsaat und Leinsamen bestreuen und im auf 190 °C vorgeheizten Backofen etwa 40 Minuten backen.

9   Die fertigen Brotlaibe auf dem Blech aus dem Ofen nehmen und auf dem Blech erkalten lassen.

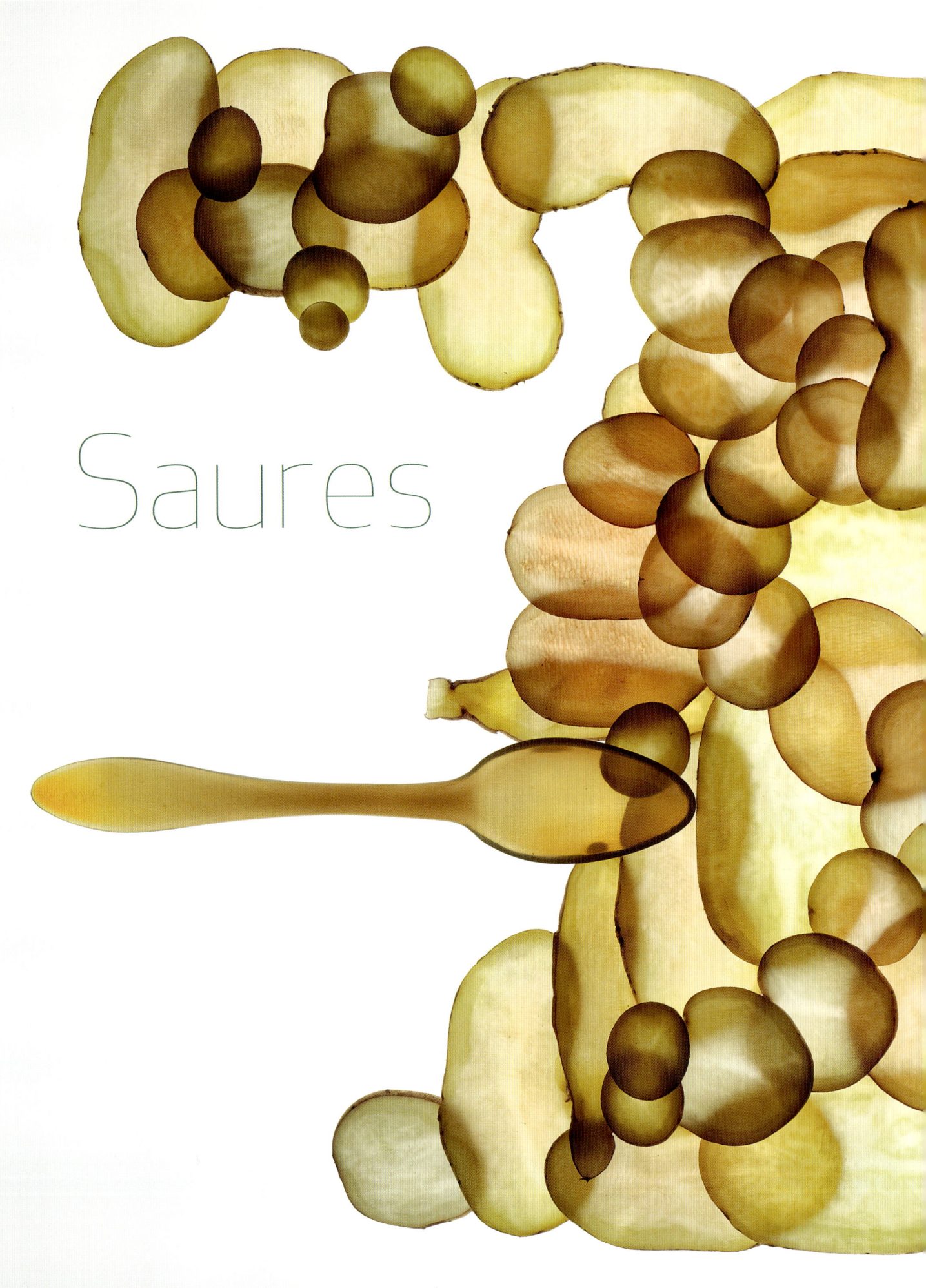

Saures

Topinambur-Kartoffel-Creme auf Rosmarinbruschetta

Zutaten für 4 Personen

200 g mehligkochende Kartoffeln (z. B. Hermes oder Agria)

Salz

200 g Topinambur (Erdbirnen)

100 g Kichererbsen, vorgekocht

125 ml Vollmilch

2 Knoblauchzehen, fein gehackt

3 EL sehr fruchtiges Olivenöl extra vergine

2–3 EL frisch gepresster Zitronensaft

1 TL gemahlener Kreuzkümmel (Cumin)

frisch gemahlener schwarzer Pfeffer

500 g Nussbrot

125 ml fruchtiges Olivenöl extra vergine

2 EL Rosmarinnadeln, eventuell grob gehackt

grob geschroteter schwarzer Pfeffer zum Bestreuen

Zubereitungszeit: 40 Minuten

1 Die Kartoffeln gründlich waschen, in einen Topf geben, mit Wasser bedecken und salzen. Das Wasser zum Kochen bringen und die Kartoffeln darin weich kochen. Die Kartoffeln durch ein Sieb schütten, gut abtropfen lassen und pellen.

2 Die Topinambur gründlich waschen, in Würfel schneiden und in einen Topf geben. So viel Wasser dazugeben, dass die Würfel gerade bedeckt sind, salzen und weich kochen. Dann die Topinamburwürfel durch ein Sieb schütten.

3 Die gepellten Kartoffeln, die Topinamburwürfel und die weichen Kichererbsen in einen hohen Rührbecher geben. Die Milch hinzufügen und alles mit dem Pürierstab fein pürieren.

4 Den Knoblauch, das sehr fruchtige Olivenöl und den Zitronensaft unterrühren und die Creme mit Kreuzkümmel, Salz und Pfeffer abschmecken.

5 Das Nussbrot in ca. 1 cm dicke Scheiben schneiden, diese halbieren, auf ein Backblech legen, mit dem Olivenöl bestreichen und mit den Rosmarinnadeln bestreuen. Das Brot im auf 200 °C vorgeheizten Backofen 6–8 Minuten backen.

6 Die fertig gebackenen Brotscheiben mit der Topinambur-Kartoffel-Creme bestreichen und mit dem grob geschroteten Pfeffer bestreuen.

Tipp: Restliche Topinambur können Sie in dünne Scheiben schneiden und in heißem Frittierfett wie Chips knusprig ausbacken. Kichererbsen können Sie gut abgetropft in Olivenöl knusprig braten und die fertige Bruschetta damit bestreuen.

Artischockensalat mit Kartoffeln und Harissadressing

Zutaten für 4 Personen

Für den Artischockensalat mit Kartoffeln
800 g kleine, fest-kochende Kartoffeln (z. B. Sieglinde, La Ratte oder Kipfler)
Salz
8 kleine eingelegte Artischockenherzen (aus dem Glas)
$1/2$ Bund glatte Petersilie (ca. 20 g)
1 Bund Koriandergrün (ca. 40 g)
3 Zweige Minze (ca. 20 g)
frisch gemahlener schwarzer Pfeffer

Für das Harissadressing
3 Knoblauchzehen, geschält
$1/2$ TL Salz
Saft von 1–2 Zitronen
1 EL Harissa (scharfe nordafrikanische Gewürzpaste)
8 EL fruchtiges Olivenöl extra vergine

Zubereitungszeit: 1 Stunde

1   Die Kartoffeln gründlich waschen, in einen Topf geben, mit Wasser bedecken und salzen. Das Wasser zum Kochen bringen und die Kartoffeln bei mittlerer Hitze weich kochen. Die weichen Kartoffeln durch ein Sieb schütten, abkühlen lassen und halbieren.

2   Die Artischockenherzen gut abtropfen lassen und vierteln.

3   Die Petersilie und den Koriander waschen, gut abtropfen lassen und grob hacken.

4   Die Minze in feine Streifen schneiden.

5   Die Kartoffeln, die Artischocken, die Petersilie, den Koriander und die Minze sowie etwas frisch gemahlenen Pfeffer in eine Schüssel geben und vorsichtig locker vermengen.

6   Für das Dressing den Knoblauch und das Salz im Mörser zu einer Paste verarbeiten. Den frisch gepressten Zitronensaft, das Harissa und das Olivenöl zu der Knoblauchpaste geben und gut verrühren. Das Dressing über den Artischocken-Kartoffel-Salat geben und alles gut vermengen.

7   Den Salat in 4 Schüsseln oder tiefen Tellern anrichten und nach Belieben noch mit etwas Olivenöl oder Harissa beträufeln.

Tipp: Dieser Salat passt auch als Beilage zu gebratenem Lamm oder Geflügel.

188

Gebratene Kartoffelbirne mit Blauschimmeldressing

Zutaten für 4 Personen

Für die Kartoffelbirnen
3 große, festkochende Kartoffeln, vorgekocht und geschält (z. B. Ditta, Linzer Delikatess oder Laura)

4 EL Sonnenblumenöl

Salz

frisch gemahlener schwarzer Pfeffer

3 kleine Birnen (z. B. Forellenbirnen)

Saft von 1 unbehandelten Zitrone

2 EL Butter

Für den Vogerlsalat mit Blauschimmeldressing
200 g weicher Blauschimmelkäse

125 ml Vollmilch

$^{1}/_{2}$ TL Abrieb von 1 unbehandelten Zitrone

Salz

frisch gemahlener schwarzer Pfeffer

200 g Vogerlsalat (Feldsalat), geputzt

3 EL Olivenöl extra vergine

Zubereitungszeit: 50 Minuten

1. Die Kartoffeln der Länge nach in 1 cm dicke Scheiben schneiden.

2. 3 EL Sonnenblumenöl in einer beschichteten Pfanne leicht erhitzen und die Kartoffelscheiben auf beiden Seiten knusprig braten. Die gebratenen Kartoffelscheiben mit Salz und Pfeffer bestreuen und im auf 60 °C vorgeheizten Backofen warm halten.

3. Die Birnen gründlich waschen, der Länge nach in 1 cm dicke Scheiben schneiden und mit dem Zitronensaft beträufeln.

4. Die Butter in einer Pfanne zerlassen, aufschäumen lassen, das restliche Sonnenblumenöl dazugeben und die Birnenscheiben darin auf beiden Seiten 1–2 Minuten weich braten.

5. Für das Dressing den Käse grob zerbröseln und in einen hohen Rührbecher geben. Dann die Milch und den Zitronenabrieb hinzufügen und alles zu einer glatten Creme pürieren. Das Dressing mit etwas Salz und Pfeffer abschmecken.

6. Den Vogerlsalat mit dem Olivenöl vermengen, leicht salzen und auf 4 Teller verteilen.

7. Die Kartoffel- und Birnenscheiben abwechselnd zu Türmchen schichten, diese auf den Vogerlsalat setzen und mit dem Dressing umkränzen.

Ricotta-Kartoffel-Terrine mit gepfefferter Buttermilch

Zutaten für 4 Personen (als Vorspeise oder Zwischengericht)

750 g große, mehlig-kochende Kartoffeln (z. B. Agria, Hermes oder Bintje)

1 kg grobes Meersalz

5 EL Olivenöl extra vergine

2 Knoblauchzehen, fein gehackt

250 g Ricotta

Salz

frisch gemahlener schwarzer Pfeffer

2 große Zucchini (ca. 400 g)

Saft von 1 Zitrone

Zubereitungszeit: 50 Minuten, Kühlzeit: 6–8 Stunden

1 Die Kartoffeln waschen und gut abtrocknen. Ein Backblech mit dem Meersalz ausstreuen, die Kartoffeln nebeneinander daraufsetzen und im auf 180 °C vorgeheizten Backofen etwa 1 Stunde weich garen.

2 Die weich gegarten Kartoffeln aus dem Ofen nehmen, der Länge nach aufschneiden, das Innere mit einem kleinen Löffel aus den Schalen lösen, in eine Schüssel geben und mit einer Gabel fein zerdrücken.

3 2 EL Olivenöl in einer Pfanne leicht erhitzen. Den Knoblauch darin kurz anschwitzen, dann zu den Kartoffeln geben.

4 Den Ricotta ebenfalls zu den Kartoffeln geben, alles gut vermengen und mit Salz und Pfeffer abschmecken.

5 Die Zucchini waschen und der Länge nach in 2 mm dicke Scheiben schneiden. Die Zucchinischeiben kurz in kochendem Wasser blanchieren, dann kalt abschrecken und auf Küchenkrepp abtropfen lassen. Die blanchierten Zucchinischeiben salzen, dann mit dem frisch gepressten Zitronensaft und dem restlichen Olivenöl (3 EL) beträufeln.

191

(Fortsetzung von Seite 191)

125 ml Buttermilch

125 ml Sauerrahm
(saure Sahne,
15 % Fettgehalt)

1 TL englischer Senf

etwas Kräutersalz

1 TL grob geschroteter
schwarzer Pfeffer

6 EL Schnittlauchröllchen
zum Bestreuen

6   Eine Terrinenform (ca. 1,5 l Füllmenge) mit Klarsichtfolie auslegen. 3–4 EL von der Kartoffel-Ricotta-Mischung in die Form füllen und die Oberfläche glatt streichen. Die Kartoffel-Ricotta-Schicht mit 2–3 Zucchinischeiben belegen, darauf wieder eine Schicht Kartoffel-Ricotta-Mischung geben und glatt streichen. Diesen Vorgang so lange wiederholen, bis alle Zutaten aufgebraucht sind. Je nach Größe der Zucchini kann sich eine unterschiedliche Anzahl von Schichten ergeben.

7   Die Terrine mit Klarsichtfolie bedecken und 6–8 Stunden – am besten über Nacht – kalt stellen.

8   Die Buttermilch mit dem Sauerrahm und dem Senf in einen Rührbecher geben und mit dem Pürierstab kurz aufmixen. Diese Creme mit Kräutersalz abschmecken und den grob geschroteten Pfeffer hineinrühren.

9   Die erkaltete Terrine aus der Form stürzen, die Folie abziehen und die Terrine mit den Schnittlauchröllchen bestreuen. Die Terrine in Tranchen schneiden und mit der gepfefferten Buttermilch servieren.

Bohnen-Kartoffel-Paste mit Zitrone

Zutaten für 4 Personen

120 g mehligkochende Kartoffeln (z. B. Hermes oder Agria)

Salz

200 g gekochte weiße Bohnenkerne (aus der Dose), gut abgetropft

4 EL Olivenöl extra vergine

2 EL Crème fraîche

Saft und Abrieb von 1 unbehandelten Zitrone

1 Knoblauchzehe, fein gehackt

2 EL glatte Petersilie, fein gehackt

Salz

frisch gemahlener schwarzer Pfeffer

Zubereitungszeit: 40 Minuten

1 Die Kartoffeln schälen, in einen Topf geben, mit Wasser bedecken und salzen. Das Wasser zum Kochen bringen und die Kartoffeln darin weich kochen. Die weichen Kartoffeln durch ein Sieb schütten, abtropfen lassen und noch heiß mit einer Gabel fein zerdrücken.

2 Die Bohnenkerne und das Olivenöl im Mixaufsatz der Küchenmaschine oder mit dem Pürierstab zu einem feinen Püree verarbeiten.

3 Die zerdrückten Kartoffeln und die Crème fraîche in eine Schüssel geben und gründlich mit dem Bohnenpüree vermengen.

4 Die Zitronenschale abreiben, dann die Zitrone auspressen. Den Zitronenabrieb und den Zitronensaft unter die Kartoffel-Bohnen-Paste mengen.

5 Den Knoblauch und die gehackte Petersilie in die Kartoffel-Bohnen-Paste geben, alles gut vermengen und mit Salz und Pfeffer kräftig abschmecken.

6 Die Kartoffel-Bohnen-Paste 1–2 Stunden zugedeckt im Kühlschrank durchziehen lassen.

Tipp: Bereiten Sie die Paste statt mit Petersilie mit grob gehacktem Koriander und fein gehackter Chili zu. Dazu passt getoastetes Fladenbrot.

Kartoffel-Apfel-Tatar mit geräuchertem Schafskäse

Für das Kartoffel-Apfel-Tatar

120 g fest kochende Kartoffeln (z. B. Sieglinde, Kipfler oder Naglerner Kipfler)

Salz

2 säuerliche Äpfel (z. B. Gala)

300 g schnittfester geräucherter Schafskäse (z. B. österreichischer Selchkäse)

1 kleine Zwiebel

3 EL Olivenöl extra vergine

3 EL Sauerrahm (saure Sahne, 15 % Fettgehalt)

1 EL gehackte glatte Petersilie

1 EL gehackte Thymianblättchen

1 kleine Knoblauchzehe, gehackt

$\frac{1}{2}$ TL feiner Zitronenabrieb

frisch gemahlener schwarzer Pfeffer

Zubereitungszeit: 50 Minuten

1 Die Kartoffeln in einen Topf geben, mit Wasser bedecken und leicht salzen. Das Wasser zum Kochen bringen und die Kartoffeln darin weich kochen. Die weichen Kartoffeln durch ein Sieb schütten und abkühlen lassen, dann pellen. Die gepellten Kartoffeln in sehr kleine Würfel schneiden und leicht salzen.

2 Die Äpfel schälen, entkernen und in sehr kleine Würfel schneiden.

3 Den Schafskäse in sehr kleine Würfel schneiden, diese mit den Kartoffel- und Apfelwürfeln in eine Schüssel geben und locker vermengen.

4 Die Zwiebel schälen und fein hacken, dann mit dem Olivenöl, dem Sauerrahm, der Petersilie, dem Thymian, dem Knoblauch und dem Zitronenabrieb in eine Schüssel geben und gut verrühren. Diese Mischung über die Kartoffel-Apfel-Käse-Mischung geben, mit Salz und Pfeffer abschmecken und gut durchmengen. Das Tatar etwa 10 Minuten durchziehen lassen.

(Fortsetzung von Seite 194)

Für die Marinade und den Vogerlsalat
2 EL Olivenöl extra vergine

1 EL flüssiger Honig

1 EL weißer
Aceto balsamico

Salz

frisch gemahlener
schwarzer Pfeffer

120 g Vogerlsalat
(Feldsalat), geputzt
(oder nach Belieben
4 kleine Äpfel zum Füllen)

5 Für die Marinade das Olivenöl mit dem Honig und dem Aceto balsamico glatt rühren. Die Marinade mit Salz und Pfeffer abschmecken.

6 Den Vogerlsalat auf 4 Teller verteilen und mit der Marinade beträufeln.

7 Aus der Tatarmasse mit 2 befeuchteten Löffeln Nocken formen. Diese auf den Vogerlsalat setzen. (Oder die Äpfel quer in dünne Scheiben schneiden, das Kerngehäuse entfernen und die Apfelscheiben mit dem Kartoffel-Apfel-Tatar bestreichen. Abschließend die Äpfel wieder zusammensetzen.)

Tipp: Reichen Sie dazu lauwarme geräucherte Forelle oder auch Makrelen.

196

Saures

Rucola-Kartoffel-Salat mit Zitronenthymian

Zutaten für 6–8 Personen

1 kg festkochende
Kartoffeln (z. B. Kipfler,
Rosa Tannenzapfen
oder La Ratte)

Salz

1 große weiße Zwiebel

1 große Knoblauchzehe

6 EL Olivenöl extra vergine

6 EL Weißweinessig

frisch gemahlener
schwarzer Pfeffer

2 EL Zitronen-
thymianblättchen

125–250 ml lauwarmer
Rinderfond

100 g Rucola, geputzt

Zubereitungszeit: 10 Minuten, Marinierzeit: 30 Minuten

1 Die Kartoffeln in einen Topf geben, mit Wasser bedecken und salzen. Das Wasser zum Kochen bringen und die Kartoffeln darin weich kochen. Die weichen Kartoffeln durch ein Sieb schütten, gut abtropfen lassen, pellen und etwas abkühlen lassen. Die abgekühlten Kartoffeln in feine Scheiben schneiden. Diese in eine Schüssel geben.

2 Für die Marinade die Zwiebel und den Knoblauch schälen und fein hacken. Beides mit dem Olivenöl und dem Weißweinessig vermengen und gut verrühren. (Hinweis: Wer den Salat milder mag, der blanchiert die gehackte Zwiebel kurz in heißem Wasser, dann im Sieb gut abtropfen lassen.)

3 Die Marinade über die Kartoffelscheiben geben und vermengen, dann mit Salz und Pfeffer kräftig abschmecken.

4 Die Thymianblättchen über den Kartoffelsalat geben. Anschließend nach und nach so viel lauwarmen Rinderfond dazugeben, wie die Kartoffeln aufnehmen können. Den Kartoffelsalat etwa 30 Minuten ziehen lassen.

5 Den geputzten Rucola grob hacken und unter den Kartoffelsalat mengen.

Tipp: Bestreuen Sie den Rucola-Kartoffel-Salat mit in Olivenöl gerösteten Pinienkernen. Der Salat passt bestens zu gegrilltem oder kurz gebratenem Fleisch.

197

Saures

Kartoffel-Karotten-Creme
mit Kreuzkümmel und Feta

Zutaten für 4 Personen

250 g mehligkochende Kartoffeln (z. B. Hermes, Bintje oder Waldviertler Scheckerl)

400 g Karotten

Salz

5 EL Olivenöl extra vergine

1 TL gemahlener Kreuzkümmel (Cumin)

frisch gemahlener schwarzer Pfeffer

3 EL frische Minzeblättchen, in feine Streifen geschnitten

120 g Fetakäse

Zubereitungszeit: 1 Stunde

1   Die Kartoffeln schälen und in 1 cm große Würfel schneiden.

2   Die Karotten putzen und ebenfalls in ca. 1 cm große Würfel schneiden.

3   Die Kartoffel- und Karottenwürfel in eine Auflaufform geben und leicht salzen, dann mit dem Olivenöl beträufeln. Die Auflaufform mit Alufolie abdecken und das Gemüse im auf 200 °C vorgeheizten Backofen etwa 45 Minuten schmoren.

4   Die Auflaufform aus dem Ofen nehmen und das Gemüse kurz abkühlen lassen. Das Gemüse in eine Schüssel geben und mit dem Pürierstab zu einer feinen Creme verarbeiten.

5   Die Kartoffel-Karotten-Creme mit dem Kreuzkümmel würzen, dann mit Salz und Pfeffer abschmecken, zuletzt die geschnittene Minze unterheben.

6   Die Kartoffel-Karotten-Creme in 4 Portionsschüsseln geben und mit dem zerbröseltem Fetakäse bestreuen.

Tipp: Dazu passen Papadams (dünnes indisches Fladenbrot).

Zuckerschotensalat mit Safrankartoffeln

Zutaten für 4 Personen

600 g kleine,
festkochende Kartoffeln
(z. B. Rotauge, kleine Sieglinde, kleine Roseval)
Salz
7 EL Olivenöl extra vergine
1 TL Kreuzkümmel-
samen (Cumin)
1 Knoblauchzehe,
fein gehackt
125 ml Rinderfond
1 Briefchen Safran
3 EL Weißweinessig
frisch gemahlener
schwarzer Pfeffer
120 g Zuckerschoten,
geputzt
2 Kopfsalatherzen
Meersalz zum Bestreuen

Zubereitungszeit: 1 Stunde

1   Die Kartoffeln gründlich waschen, in einen Topf geben, mit Wasser bedecken und salzen. Das Wasser zum Kochen bringen und die Kartoffeln darin weich kochen. Die weichen Kartoffeln durch ein Sieb schütten und abkühlen lassen, dann halbieren und in eine Schüssel geben.

2   2 EL Olivenöl in einer Pfanne erhitzen, den Kreuzkümmel und den Knoblauch darin anschwitzen, dann mit dem Rinderfond aufgießen, den Safran hinzufügen und 1–2 Minuten kochen lassen.

3   Die Pfanne vom Herd nehmen und den Fond abkühlen lassen. 3 EL Olivenöl und den Weißweinessig hinzufügen und den Fond mit Salz und Pfeffer kräftig abschmecken.

4   Die abgekühlten Kartoffeln mit dem lauwarmen Fond über-gießen und etwa 15 Minuten ziehen lassen.

5   Die Zuckerschoten längs in dünne Streifen schneiden.

6   Das restliche Olivenöl (2 EL) in einer Pfanne erhitzen und die Zuckerschoten darin 2–3 Minuten anschwitzen, dann salzen.

7   Die Kopfsalatherzen halbieren, in Streifen schneiden und auf 4 Teller verteilen. Die marinierten Safrankartoffeln und die gebratenen Zuckerschoten darübergeben und nach Belieben mit Meersalz und Pfeffer bestreuen.

Tipp: Servieren Sie dünn aufgeschnittenen Rohschinken dazu.

Kartoffelkaltschale mit mariniertem Zander

Zutaten für 4 Personen

Für die Gewürzpaste und den Zander
1 TL Korianderkörner
1 TL Anissamen
1 TL Fenchelsamen
Saft von 1/2 Zitrone
2 EL Olivenöl extra vergine
Salz
600 g dickes Zanderfilet mit Haut

Für die Kartoffelkaltschale
500 g mehligkochende Kartoffeln (z. B. Hermes, Bintje oder Agria)
1 Gemüsezwiebel
20 g Butter
65 ml trockener Wermut (z. B. Noilly Prat)
500 ml Geflügelfond
250 ml Sekt

Zubereitungszeit: 50 Minuten, Kühlzeit: 3–4 Stunden

1. Für die Gewürzpaste die Korianderkörner, die Anis- und Fenchelsamen im Mörser grob zerstoßen, dann den frisch gepressten Zitronensaft und das Olivenöl hinzufügen und vermengen. Die Gewürzpaste leicht salzen.

2. Das Zanderfilet in ca. 4 cm große Würfel schneiden und mit der Hautseite nach unten in eine Auflaufform legen. Die Gewürzpaste über den Zanderwürfeln verteilen, die Form mit Klarsichtfolie abdecken und die Fischwürfel 2–3 Stunden gut gekühlt marinieren.

3. Für die Kartoffelkaltschale die Kartoffeln schälen und in etwa 3 cm große Würfel schneiden.

4. Die Gemüsezwiebel schälen und sehr fein hacken.

5. Die Butter in einem Topf zerlassen und die Zwiebel darin kurz anschwitzen, dann die Kartoffelwürfel dazugeben und kurz mitschwitzen. Alles mit dem Wermut ablöschen, dann mit dem Geflügelfond auffüllen und den Sekt hinzufügen. Die Suppe bei geringer Hitze etwa 15–18 Minuten köcheln lassen.

200 ml Schlagsahne

1–2 EL frisch gepresster
Zitronensaft

Salz

frisch gemahlener
schwarzer Pfeffer

frisch geriebene
Muskatnuss

etwas Weizenmehl

etwas Sonnenblumenöl
zum Braten

6   Die Sahne dazugeben und die Suppe einmal aufkochen, dann den Topf vom Herd nehmen. Die Suppe mit dem Pürierstab sehr fein pürieren und mit dem Zitronensaft, Salz, Pfeffer und Muskatnuss abschmecken. Die Suppe abkühlen lassen, dann im zugedeckten Topf etwa 3–4 Stunden kalt stellen.

7   Die marinierten Zanderwürfel mit der Hautseite in Mehl tauchen.

8   Das Sonnenblumenöl in eine Pfanne geben. Die Zanderwürfel mit der mehlierten Hautseite nach unten in die kalte Pfanne legen. Die Pfanne bei mittlerer Temperatur erhitzen und die Zanderwürfel langsam braten, bis die Haut knusprig ist. Die Zanderwürfel leicht salzen, dann wenden, die Pfanne vom Herd nehmen und den Fisch kurz ruhen lassen.

9   Die Kartoffelkaltschale vor dem Servieren durchrühren, bei Bedarf nochmals nachwürzen, dann in kleine Schälchen oder gekühlte tiefe Teller füllen. Den Zander auf 4 Tellern anrichten und servieren.

Tipp: Die Kaltschale wird leicht säuerlich, wenn man nach dem Durchkühlen 2–3 EL Joghurt unterrührt.

203   Saures

Salade Niçoise

Zutaten für 4 Personen

120 g festkochende,
blaue bzw. rote Kartoffeln
(z. B. Blaue Elise,
Blue Salad Potato oder
Highland Burgundy Red)
Salz
10 EL Olivenöl
extra vergine
100 g Fisolen
(grüne Bohnen)
600 g frischer Thunfisch
4 EL Sesamöl

Für die Marinade
6 EL Rotweinessig
2 EL Dijonsenf
1 TL Kristallzucker
frisch gemahlener
schwarzer Pfeffer
frisch gemahlener
Koriander

Zubereitungszeit: 50 Minuten

1 Die Kartoffeln gründlich waschen, in einen Topf geben und mit Wasser bedecken und salzen. Das Wasser zum Kochen bringen und die Kartoffeln darin weich kochen. Die weichen Kartoffeln durch ein Sieb schütten, gut abtropfen lassen, pellen und abkühlen lassen. Die abgekühlten Kartoffeln in $\frac{1}{2}$ cm dicke Scheiben schneiden und in eine Schüssel geben. 2 EL Olivenöl hinzufügen, alles vermengen und leicht salzen.

2 Die grünen Bohnen putzen, dann 4–5 Minuten in kochendem Salzwasser blanchieren, durch ein Sieb schütten und mit eiskaltem Wasser abschrecken.

3 Den Thunfisch in 2 je 2 cm dicke Tranchen schneiden. Das Sesamöl in einer Pfanne erhitzen und die Thunfischsteaks darin von jeder Seite etwa 1 Minute scharf anbraten. Die Thunfischsteaks dann auf einem Teller ruhen lassen.

4 Für die Marinade den Rotweinessig gründlich mit dem restlichen Olivenöl (8 EL), dem Dijonsenf und dem Zucker verrühren. Mit Salz, Pfeffer und Koriander abschmecken.

2 Köpfe Romanasalat,
geputzt
1 Kopf Radicchio,
geputzt
4 Eier, hart gekocht
(oder 8 Wachteleier)
12 schwarze Oliven
1 rote Zwiebel, in dünne
Scheiben geschnitten

(Fortsetzung von Seite 205)

5   Den Romana und den Radicchio in mundgerechte Stücke
     teilen und in eine Schüssel geben. Die Hälfte der Marinade
     darübergeben, vermengen und den Salat auf 4 tiefen Tellern
     oder in Schüsseln anrichten.

6   Die restliche Marinade über die Kartoffelscheiben und die
     Bohnen geben und vermengen. Die Kartoffel-Bohnen-Mi-
     schung auf dem Salat anrichten.

7   Den gebratenen Thunfisch in ca. $\frac{1}{2}$ cm dicke Scheiben
     schneiden und dekorativ mit den in Scheiben geschnittenen
     Eiern auf den Salat legen. Zum Schluss die Oliven und Zwie-
     belringe darübergeben und servieren.

Tipp: Anstelle des frischen Thunfischs können Sie auch weißen
Thunfisch aus dem Glas bzw. aus der Dose verwenden.

Gekühlte Kartoffel-Avocado-Creme-Suppe mit Curry und Lachstatar

Zutaten für 4 Personen

Für die Cremesuppe
100 g mehligkochende Kartoffeln (z.B. Hermes, Bintje oder Agria)
1 EL Sonnenblumenöl
750 ml Geflügelfond (fettfrei)
2 vollreife Avocados
Saft von $1/2$ Zitrone
1 TL Currypulver
3 EL Crème fraîche
Salz
frisch gemahlener schwarzer Pfeffer

Für das Lachstatar
200 g frisches Lachsfilet
1 Frühlingszwiebel
Abrieb von $1/4$ unbehandelten Limette
2 EL fein gehackte Korianderblätter
1 EL Olivenöl extra vergine
Salz
frisch gemahlener schwarzer Pfeffer

Zubereitungszeit: 45 Minuten (ohne Kühlzeit)

1 Die Kartoffeln schälen und in kleine Würfel schneiden.

2 Das Sonnenblumenöl in einem großen, flachen Topf erhitzen. Die Kartoffelwürfel darin anbraten, dann mit Geflügelfond aufgießen und die Würfel bei mittlerer Hitze weich kochen. Den Topf vom Herd nehmen und alles abkühlen lassen.

3 Die Avocados schälen und die Kerne herauslösen. Das Fruchtfleisch grob zerdrücken und in einen hohen Rührbecher geben. Den frisch gepressten Zitronensaft, das Currypulver und die Crème fraîche hinzufügen, dann die Mischung mit dem Pürierstab sehr fein pürieren.

4 Die abgekühlte Kartoffelsuppe mit dem Pürierstab ebenfalls fein pürieren, dann das Avocadopüree hinzufügen und alles erneut mit dem Pürierstab durchmixen. Die Suppe mit Salz und Pfeffer abschmecken und zugedeckt 2–3 Stunden kalt stellen.

5 Für das Lachstatar das Lachsfilet in etwa 3 mm große Würfel schneiden.

6 Die Frühlingszwiebel putzen und in feine Ringe schneiden, dann locker mit den Fischwürfeln vermengen.

7 Den feinen Limettenabrieb, die fein gehackten Korianderblätter und das Olivenöl zu dem Tatar geben, alles locker vermengen und mit Salz und Pfeffer abschmecken.

8 Die gut gekühlte Suppe in 4 tiefen Tellern anrichten und das Lachstatar dazu servieren.

Kartoffel-Avocado-Salat
mit Lauchkresse

Zutaten für 4 Personen

800 g kleine
festkochende Kartoffeln
(z. B. Bamberger Hörnchen,
La Ratte oder Sieglinde)

Salz

3 vollreife Avocados

Saft von 2 Zitronen

125 ml fruchtiges Olivenöl
extra vergine

3 Tassen Lauchkresse oder
ähnlich würzige Kresse

frisch gemahlener
schwarzer Pfeffer

Zubereitungszeit: 50 Minuten

1   Die Kartoffeln gründlich waschen, in einen Topf geben, mit Wasser bedecken und salzen. Das Wasser zum Kochen bringen und die Kartoffeln darin weich kochen. Die weichen Kartoffeln durch ein Sieb schütten und leicht abkühlen lassen. Die Kartoffeln pellen und vierteln.

2   Die Avocados schälen und die Kerne herauslösen. Die Avocados wie die Kartoffeln in kleine Stücke schneiden.

3   Die noch lauwarmen Kartoffeln und die Avocadostücke in eine große Schüssel geben. Den frisch gepressten Zitronensaft und die Hälfte des Olivenöls darübergießen.

4   Die Hälfte der Kresse grob hacken und über den Kartoffel-Avocado-Salat geben. Alles vorsichtig vermengen und den Salat mit Salz und Pfeffer abschmecken.

5   Den Salat in 4 tiefen Tellern oder auf einer Platte anrichten, mit dem restlichen Olivenöl beträufeln und mit der restlichen Kresse bestreuen.

Tipp: Dieser Kartoffel-Avocado-Salat passt zu gegrilltem Fleisch und Fisch.

Kartoffelsalat mit Rahm und geräucherter Rinderlende

Zutaten für 4 Personen (als Vorspeise)

800 g festkochende Kartoffeln (z.B. La Ratte, Sieglinde oder Kipfler)

Salz

2 EL Sonnenblumenöl

250 g Sauerrahm (saure Sahne, 15 % Fettgehalt)

1 TL milder Senf

4 EL milder Weißweinessig

4 EL Sonnenblumenkernöl

2 EL fein gehackter Estragon oder Kerbel

frisch gemahlener schwarzer Pfeffer

200 g geräucherte Rinderlende oder Bündnerfleisch

Zubereitungszeit: 45 Minuten

1   Die Kartoffeln gründlich waschen, in einen Topf geben, mit Wasser bedecken und salzen. Das Wasser zum Kochen bringen und die Kartoffeln darin weich kochen. Die weichen Kartoffeln durch ein Sieb schütten, pellen und etwas abkühlen lassen, dann in dünne Scheiben schneiden. Die Kartoffelscheiben in eine Schüssel geben und salzen, dann das Sonnenblumenöl darübergeben und vorsichtig vermengen. Die Kartoffeln abkühlen lassen.

2   Den Sauerrahm mit dem Senf, dem Weißweinessig, dem Sonnenblumenkernöl und dem gehackten Estragon verrühren. Die Marinade mit Salz und Pfeffer abschmecken, dann über die Kartoffeln geben und alles vorsichtig vermengen.

3   Den Kartoffelsalat auf 4 Teller verteilen.

4   Die Rinderlende in sehr dünne Scheiben schneiden (das gelingt am besten mit der Aufschnittmaschine) und locker über den Kartoffelsalat geben. Den Kartoffelsalat am besten bei Zimmertemperatur servieren.

Tipp: Dazu passt kräftiges, getoastetes Schwarzbrot.

Grammel-Kartoffel-Aufstrich mit Knoblauchbrotstangerln

Zutaten für 4 Personen (als Vorspeise)

Für den Grammel-Kartoffel-Aufstrich
200 g mehligkochende Kartoffeln (z. B. Hermes, Bintje oder Agria)
Salz
4 Knoblauchzehen
1 EL Sonnenblumenöl
200 g Grammelschmalz (Griebenschmalz)
1 TL getrockneter Majoran
1 Spritzer Weißweinessig
frisch gemahlener schwarzer Pfeffer

Für die Knoblauchbrotstangerl
4 dicke Scheiben Bauernbrot (à 100 g)
2 Knoblauchzehen, geschält
$^1/_2$ TL Salz
1 EL Sonnenblumenöl

Zubereitungszeit: 40 Minuten, Ruhezeit: etwa 2 Stunden

1 Die Kartoffeln in einen Topf geben, mit Wasser bedecken und salzen. Das Wasser zum Kochen bringen und die Kartoffeln darin weich kochen. Die weichen Kartoffeln durch ein Sieb schütten, gut abtropfen lassen, schälen und noch heiß durch die Kartoffelpresse drücken. Die Kartoffelmasse abkühlen lassen.

2 Den Knoblauch schälen und fein hacken.

3 Das Sonnenblumenöl in einem Topf erhitzen. Den Knoblauch darin anschwitzen, dann das zimmerwarme Grammelschmalz und die Kartoffelmasse hinzufügen und gut vermengen. Die Grammel-Kartoffel-Mischung mit dem Majoran, dem Essig, Salz und Pfeffer pikant abschmecken. Den Aufstrich 1–2 Stunden kalt stellen.

4 Für die Knoblauchbrotstangerl das Bauernbrot in etwa 2 cm breite Streifen schneiden, diese auf ein mit Backtrennpapier ausgelegtes Backblech legen und im auf 180 °C vorgeheizten Backofen 5–6 Minuten backen.

5 Den Knoblauch mit einer Gabel auf einem Brett zerdrücken, leicht salzen, erneut gut drücken und in eine Schüssel geben. Das Sonnenblumenöl hinzufügen und gut vermengen.

6 Die noch warmen Brotstangerl mit der Knoblauchpaste bestreichen und abkühlen lassen.

7 Den Aufstrich 15 Minuten vor dem Servieren aus dem Kühlschrank nehmen, mit den Knoblauchbrotstangerln servieren.

Chorizo-Kartoffel-Salat

Zutaten für 4 Personen

Für den Chorizo-Kartoffel-Salat
1 kg festkochende bzw. speckige Kartoffeln (z. B. Kipfler, Bamberger Hörnchen oder La Ratte)
Salz
250 g Chorizo
2 EL Fenchelsamen
1 Bund Frühlingszwiebeln, geputzt
1 Bund glatte Petersilie

Für das Dressing
4 EL Sherryessig
1 TL flüssiger Honig
2 EL frisch gepresster Zitronensaft
8 EL Olivenöl extra vergine
1 EL schwarze Pfefferkörner, grob geschrotet
Salz

Zubereitungszeit: 50 Minuten

1   Die Kartoffeln gründlich waschen, in einen Topf geben, mit Wasser bedecken und salzen. Das Wasser zum Kochen bringen und die Kartoffeln darin weich kochen. Die weichen Kartoffeln durch ein Sieb schütten und abkühlen lassen, dann, ohne zu pellen, die Kartoffeln vierteln.

2   Die Chorizo in dünne Scheiben schneiden.

3   Eine beschichtete Pfanne auf dem Herd erhitzen und die Chorizoscheiben darin – am besten portionsweise – knusprig anbraten. Die gebratenen Chorizoscheiben aus der Pfanne nehmen und auf Küchenkrepp abtropfen lassen.

4   Die Fenchelsamen in der Pfanne in dem ausgelassenen Fett 2–3 Minuten anbraten. Den Pfanneninhalt durch ein Sieb geben und die Fenchelsamen in eine kleine Schüssel füllen.

5   Die Frühlingszwiebeln in ca. 1 cm lange Stücke schneiden.

6   Die Petersilie waschen, trocknen und grob hacken.

7   Die Kartoffeln mit den Frühlingszwiebeln und der Petersilie in eine Schüssel geben und vermengen.

8   Für das Dressing den Sherryessig gründlich mit dem Honig, dem Zitronensaft und dem Olivenöl verrühren. Dann die gerösteten Fenchelsamen und den geschroteten Pfeffer zugeben und das Dressing mit Salz abschmecken.

9   Das Dressing über die Kartoffel-Frühlingszwiebel-Mischung geben, alles gut vermengen und 10 Minuten ziehen lassen.

10 Kurz vor dem Servieren die knusprig gebratenen Chorizochips unter den Salat mengen und sofort servieren.

Kartoffelsalat
mit Leberkäsefritten

Zutaten für 4 Personen

1 kg festkochende
Kartoffeln (z. B. Kipfler
oder Bamberger
Hörnchen)

Salz

1 Zwiebel (ca. 100 g)

200 ml Rinder- oder
Gemüsefond

1 EL Dijonsenf

1 EL feiner Kristallzucker

5 EL Weißweinessig

frisch gemahlener
schwarzer Pfeffer

6 EL Sonnenblumenkernöl

1 Bund Schnittlauch,
in Röllchen geschnitten

400 g Leberkäse

etwas Sonnenblumenöl
zum Braten

Zubereitungszeit: 50 Minuten

1 Die Kartoffeln gründlich waschen, in einen Topf geben, mit Wasser bedecken und salzen. Das Wasser zum Kochen bringen und die Kartoffeln bei mittlerer Hitze weich kochen. Die weichen Kartoffeln durch ein Sieb schütten, kalt abschrecken und pellen.

2 Die noch warmen Kartoffeln in ca. $\frac{1}{2}$ cm dicke Scheiben schneiden und in eine Salatschüssel geben.

3 Die Zwiebel schälen und in kleine Würfel schneiden.

4 Den Rinder- oder Gemüsefond in einen kleinen Topf geben und einmal aufkochen. Die Zwiebelwürfel hinzufügen und kurz ziehen lassen, dann den Topf vom Herd nehmen.

5 Den Dijonsenf mit dem Zucker und dem Weißweinessig verrühren und mit dem Zwiebelfond über den Kartoffeln verteilen. Den Kartoffelsalat mit Salz und Pfeffer abschmecken, locker vermengen und etwa 20 Minuten ziehen lassen.

6 Das Sonnenblumenkernöl über den Kartoffelsalat geben, erneut gut durchmengen, bei Bedarf etwas nachsalzen und den Kartoffelsalat mit den Schnittlauchröllchen bestreuen.

7 Für die Leberkäsefritten den Leberkäse in etwa 10 cm lange und 2 cm dicke Streifen schneiden.

8 Das Sonnenblumenöl in einer Pfanne (am besten eine beschichtete) erhitzen und die Leberkäsestreifen portionsweise darin von allen Seiten knusprig braten.

9 Den Kartoffelsalat mit den Leberkäsefritten in 4 tiefen Tellern anrichten und servieren.

Lauwarmer Kartoffel-Linsen-Salat mit Feigendressing

Zutaten für 4 Personen

450 ml Gemüsefond

200 g getrocknete rote Linsen

200 g festkochende Kartoffeln (z. B. La Ratte, Sieglinde oder Kipfler)

4 EL Sonnenblumenöl

80 g geräucherter Speck, in kleine Würfel geschnitten

Für die Marinade

4 getrocknete Feigen

6 EL Olivenöl extra vergine

6 EL Weißweinessig

1 EL scharfer Senf

4 EL gehackte glatte Petersilie

Salz

frisch gemahlener schwarzer Pfeffer

100 g Vogerlsalat (Feldsalat), geputzt

Zubereitungszeit: 1 Stunde 20 Minuten

1 Den Gemüsefond in einen Topf geben und aufkochen lassen. Die Linsen in den Gemüsefond geben und bei geringer Hitze etwa 20 Minuten eher ziehen als kochen lassen. Die Linsen sollten dabei nicht zerfallen. Die garen Linsen vorsichtig durch ein Sieb abseihen und gut abtropfen lassen. Dabei 125 ml Kochfond für die Salatmarinade aufheben.

2 Die Kartoffeln schälen und in etwa 1 cm große Würfel schneiden.

3 Das Sonnenblumenöl in einer Pfanne erhitzen. Die Kartoffelwürfel darin bei mittlerer Hitze unter mehrmaligem Wenden etwa 20 Minuten knusprig braten.

4 Die Speckwürfel in die Pfanne geben und 5–6 Minuten mitbraten. Dann die Pfanne beiseitestellen.

5 Für das Dressing die Feigen in kleine Würfel schneiden und in eine Schüssel geben. Das Olivenöl, den aufgefangenen Kochfond von den Linsen, den Weißweinessig, den Senf und die gehackte Petersilie hinzufügen und gut verrühren. Die Marinade kräftig mit Salz und Pfeffer abschmecken.

6 Die Kartoffeln und den Speck in der Pfanne erneut erhitzen, die garen Linsen hinzufügen und gut durchschwenken, dann die Marinade darübergeben und vermengen.

7 Den Feldsalat auf 4 Teller verteilen und den lauwarmen Kartoffel-Linsen-Salat vorsichtig darübergeben. Sofort servieren.

Kartoffelkäse mit Speckkrusteln

Zubereitungszeit: 1 Stunde, Ruhezeit: 30 Minuten

Zutaten für 4 Personen

400 g festkochende Kartoffeln (z. B. Ditta oder Laura)

$1/2$ TL Salz für das Kochwasser

$1/2$ TL ganze Kümmelsamen für das Kochwasser

1 kleine weiße Gemüsezwiebel

50 g Butter

180 g Schmand (24 % Fettgehalt)

1 kleine Knoblauchzehe, fein gehackt

Salz

frisch gemahlener schwarzer Pfeffer

etwas gemahlener Kümmel

1 Bund Schnittlauch, in feine Röllchen geschnitten

4 dünne Scheiben geräucherter Speck

1 Die Kartoffeln in einen Topf geben und mit Wasser bedecken, dann das Salz und die Kümmelsamen hinzufügen. Das Wasser zum Kochen bringen und die Kartoffeln bei mittlerer Hitze weich kochen. Die weichen Kartoffeln durch ein Sieb schütten, schälen und noch heiß durch die Kartoffelpresse in eine Schüssel drücken.

2 Die Zwiebel schälen und in kleine Würfel schneiden.

3 Die Butter in einer Pfanne zerlassen und die Zwiebel darin anschwitzen, bis sie leicht Farbe annimmt. Die Pfanne vom Herd nehmen und die Zwiebel kurz abkühlen lassen, dann über die Kartoffeln geben und vorsichtig vermengen. Die Kartoffel-Zwiebel-Mischung 10 Minuten ruhen lassen.

4 Den Schmand und den gehackten Knoblauch unter die Kartoffel-Zwiebel-Mischung rühren, mit Salz, Pfeffer und Kümmelpulver abschmecken. Dann die Schnittlauchröllchen untermengen. Alles zugedeckt etwa 20 Minuten kalt stellen.

5 Ein Backblech mit Backtrennpapier auslegen. Die Speckscheiben darauflegen und im auf 180 °C vorgeheizten Backofen 12–15 Minuten knusprig braten. Die knusprigen Speckscheiben auf Küchenkrepp gründlich abtropfen lassen, dann zwischen den Händen grob zerbröseln und die Speckkrusteln über den Kartoffelkäse streuen.

Tipp: Dazu passt würziges Bauernbrot.

Marinierte Rote Rüben mit Kartoffel-Kümmel-»Mayonnaise«

Zutaten für 4 Personen

Für die marinierten Roten Rüben
8 kleine Rote Rüben (ca. 800 g)
2 Schalotten
2 EL Olivenöl
125 ml frisch gepresster Orangensaft
1 Msp. gemahlener Kardamom
Salz
frisch gemahlener schwarzer Pfeffer

Für die Kartoffel-»Mayonnaise«
120 g festkochende Kartoffeln (z. B. La Ratte oder Sieglinde)
120 g Crème fraîche
$^1\!/_2$ TL Sardellenpaste
$^1\!/_4$ TL ganze Kümmelsamen
1–2 EL Gewürzgurkenfond (aus dem Glas)
1 kleine Gewürzgurke (ca. 60 g), sehr fein gehackt
Salz
frisch gemahlener schwarzer Pfeffer
einige glatte Petersilien- oder Kresseblättchen zum Garnieren

Zubereitungszeit: 1 Stunde 20 Minuten

1 Die Roten Rüben waschen, abtrocknen und einzeln in Alufolie wickeln. Die eingewickelten Rüben auf ein Backblech legen und im auf 180 °C vorgeheizten Backofen (Umluft) etwa 30–35 Minuten garen. Die garen Rüben aus dem Ofen nehmen, kurz abkühlen lassen, dann aus der Folie nehmen, schälen und halbieren. Die Rote-Rüben-Hälften beiseitestellen.

2 Die Schalotten schälen und in kleine Würfel schneiden. Das Olivenöl in einer Pfanne erhitzen und die Schalotten darin kurz anschwitzen, dann mit Orangensaft ablöschen und den Kardamom hinzufügen. Den Orangenfond aufkochen, mit Salz und Pfeffer abschmecken. Die warme Orangenmarinade über die Roten Rüben gießen und etwa 30 Minuten ziehen lassen.

3 Für die Kartoffel-»Mayonnaise« die Kartoffeln schälen und in Würfel schneiden. Die Würfel in leicht gesalzenem Wasser weich kochen, dann gut abtropfen lassen.

4 Die abgekühlten Kartoffelwürfel mit der Crème fraîche in einen hohen Rührbecher geben, die Sardellenpaste, die Kümmelsamen und den Gurkenfond hinzufügen und die Mischung mit dem Pürierstab gut durchmixen. Die gehackte Gewürzgurke untermengen und mit Salz und Pfeffer abschmecken.

5 Die Rote-Rüben-Hälften in dünne Scheiben schneiden und dachziegelartig auf einen großen Teller legen. Die »Mayonnaise« mit einem Esslöffel darüber verteilen und nach Belieben mit Petersilien- oder Kresseblättchen garnieren.

Tipp: Reichen Sie dazu die restliche Kartoffel-»Mayonnaise«.

Grüner Kartoffelsalat
mit Limettenaroma

Zutaten für 4 Personen

1 kg festkochende bzw.
speckige Kartoffeln
(z. B. Sieglinde, Kipfler
oder La Ratte)
Salz
2 unbehandelte Limetten
200 ml Rinderfond
30 g Minzeblättchen
30 g Petersilienblättchen
125 ml Olivenöl
extra vergine
1 kleine grüne Chilischote
frisch gemahlener
schwarzer Pfeffer
1 Bund Frühlingszwiebeln
60 g schwarze,
getrocknete
und entsteinte Oliven

Zubereitungszeit: 50 Minuten

1   Die Kartoffeln in einen Topf geben, mit Wasser bedecken und leicht salzen. Das Wasser zum Kochen bringen und die Kartoffeln darin bissfest kochen. Die Kartoffeln durch ein Sieb schütten und abkühlen lassen, dann pellen. Die Kartoffeln in dünne Scheiben schneiden und in einer Schüssel beiseitestellen.

2   Die Schale einer Limette fein abreiben, dann beide Limetten auspressen. Den Limettenabrieb und den Limettensaft mit dem lauwarmen Rinderfond verrühren. Diese Marinade über die Kartoffelscheiben gießen und vorsichtig vermengen.

3   Die Minze- und Petersilienblättchen 1–2 Sekunden in kochendem Wasser blanchieren, durch ein Sieb schütten und mit kaltem Wasser abschrecken, dann mit den Händen gut ausdrücken.

4   Die Minze und die Petersilie sodann mit dem Olivenöl in einen hohen Rührbecher geben und mit dem Pürierstab fein pürieren.

5   Die Chilischote mit den Samen fein hacken und mit dem Kräuteröl unter die Kartoffeln mengen. Den Kartoffelsalat mit Salz und Pfeffer kräftig abschmecken und ca. 30 Minuten ziehen lassen.

6   Die Frühlingszwiebeln putzen und das dunkle Blattgrün abschneiden. Das Weiße der Frühlingszwiebeln in feine Scheiben schneiden und mit den Oliven über dem Salat verteilen.

Tipp: Dieser Salat passt zu gegrilltem Fisch oder Meeresfrüchten.

221 Saures

Orangen-Fenchel-Salat mit Kartoffeln

Zutaten für 4 Personen

Für den Orangen-Fenchel-Salat

700 g festkochende, kleine Kartoffeln (z. B. Rosa Tannenzapfen, Naglerner Kipfler oder kleine Sieglinde)

Salz

5 große unbehandelte Orangen

2 Fenchelknollen (à ca. 200 g)

1 große rote Zwiebel (ca. 120 g)

1 Bund glatte Petersilie, grob gehackt

Für das Dressing

3 Knoblauchzehen, fein gehackt

$1/2$ TL Salz

8 EL Olivenöl extra vergine

5 EL weißer Aceto balsamico

$1/2$ TL feiner Orangenabrieb

etwas Tabasco

frisch gemahlener schwarzer Pfeffer

Orangenzesten zum Garnieren

Zubereitungszeit: 50 Minuten

1   Die Kartoffeln in einen Topf geben, mit Wasser bedecken und salzen. Das Wasser zum Kochen bringen und die Kartoffeln darin weich kochen. Die Kartoffeln durch ein Sieb schütten, gut abtropfen lassen, pellen und abkühlen lassen.

2   Die Orangen mit einem scharfen Messer schälen, von dem weißen Schaleninneren befreien und halbieren. Dann in $1/2$ cm breite Scheiben schneiden und in einer Schüssel beiseitestellen.

3   Den Fenchel putzen, der Länge nach halbieren, den Strunk herausschneiden und die Knollen in sehr feine Scheiben schneiden. Die Fenchelscheiben zu den Orangen geben.

4   Die abgekühlten Kartoffeln in dünne Scheiben schneiden und ebenfalls in die Schüssel geben.

5   Die Zwiebel schälen, halbieren, in feine Halbkreise schneiden und über die Kartoffeln geben.

6   Die gehackte Petersilie dazugeben und alles vermengen.

7   Für das Dressing den Knoblauch mit dem Salz im Mörser zerstampfen. Dieses Knoblauchpüree mit dem Olivenöl und dem weißen Aceto balsamico zu einem Dressing verrühren. Das Dressing mit Tabasco, der fein geriebenen Orangenschale, Salz und Pfeffer abschmecken, dann über den Salat geben, alles gut vermengen und etwa 10 Minuten ziehen lassen. Den Orangen-Fenchel-Salat vor dem Servieren nochmals durchmengen, abschmecken und mit Orangenzesten garnieren.

Tipp: Dieser Salat passt gut zu gebratenem oder gegrilltem Schweinefleisch.

Kartoffel-Radieschen-Salat mit Kapern

Zutaten für 4 Personen

600 g festkochende Kartoffeln (z. B. Rosa Tannenzapfen oder Bamberger Hörnchen)

Salz

1 rote Zwiebel

2 TL kleine in Salz eingelegte Kapern, ohne Salzlake

1 TL Dijonsenf

6 EL Weißweinessig

8 EL Olivenöl extra vergine

frisch gemahlener schwarzer Pfeffer

250 g feste Radieschen

2 Bund Schnittlauch

Zubereitungszeit: 50 Minuten

1 Die Kartoffeln in einen Topf geben, mit Wasser bedecken und salzen. Das Wasser zum Kochen bringen und die Kartoffeln darin weich kochen. Die weichen Kartoffeln durch ein Sieb schütten, gut abtropfen lassen, schälen und in dünne Scheiben schneiden, dann in eine Schüssel geben.

2 Die Zwiebel schälen, in feine Würfel schneiden und zu den Kartoffeln geben.

3 Die Kapern grob hacken, mit dem Dijonsenf, dem Weißweinessig und dem Olivenöl gut verrühren, dann mit Salz und Pfeffer abschmecken. Das Kapern-Senf-Dressing über die Kartoffeln geben und alles gut vermengen.

4 Die Radieschen waschen, putzen, in dünne Stifte schneiden oder hobeln und 5 Minuten in kaltes Wasser legen.

5 Den Schnittlauch in etwa 2 cm lange Stücke schneiden.

6 Die Radieschen durch ein Sieb schütten und mit dem Schnittlauch unter den Kartoffelsalat mengen. Den Salat bei Bedarf nochmals mit etwas Salz nachwürzen.

Tipp: Dieser Kartoffelsalat passt zu gebackenem (Wiener Schnitzel oder Cordon bleu) oder gegrilltem Fleisch.

Süßes

»Gewuzelte« Kartoffelnudeln in Butter-Kokos-Bröseln mit Limettenaroma

Zutaten für 4 Personen

Für die Kartoffelnudeln
250 g Topfen
(Quark, 20 % Fettgehalt)

250 g mehligkochende
Kartoffeln (z. B. Hermes,
Agria oder Bintje)

Salz

2 Eigelb

30 g Weizengrieß

Abrieb von $\frac{1}{2}$ unbehandelten Zitrone

2 TL Vanillezucker

50 g Weizenmehl
(Type 405)

etwas Weizenmehl
für die Arbeitsfläche

Zubereitungszeit: 1 Stunde

1   Den Topfen in ein mit Küchenkrepp ausgelegtes Sieb geben, dieses über eine Schüssel hängen und den Topfen 20 Minuten gut abtropfen lassen.

2   Die Kartoffeln in einem Topf mit Wasser bedecken und salzen. Das Wasser zum Kochen bringen und die Kartoffeln darin weich kochen. Die Kartoffeln durch ein Sieb schütten, pellen und noch heiß durch die Kartoffelpresse drücken.

3   Den abgetropften Topfen mit der Kartoffelmasse, den Eigelb, dem Grieß, der fein geriebenen Zitronenschale, 1 Prise Salz und dem Vanillezucker in eine Schüssel geben und gut vermengen. Den Teig 10 Minuten ruhen lassen. Dann das Mehl hinzufügen und einarbeiten.

4   Den Teig auf einer bemehlten Arbeitsfläche zu einer etwa 5 cm dicken Rolle formen. Diese in ca. 1 cm dicke Scheiben schneiden. Diese Rollenstücke zwischen den Handflächen reiben, sodass sich Nudeln mit spitzen Enden ergeben.

(Fortsetzung von Seite 228)

Für die Kokosbrösel
100 g Butter
50 g Weißbrotbrösel
oder Briochebrösel
80 g grob geraspelte
Kokosflocken
1 EL Kristallzucker
etwas Abrieb von
1 unbehandelten Limette
Puderzucker
zum Bestreuen

5 In einem großen Topf reichlich Salzwasser zum Kochen bringen. Die »gewuzelten« Nudeln hineingeben und bei geringer Hitze etwa 10 Minuten eher ziehen als kochen lassen.

6 Für die Kokosbrösel die Butter in einer Pfanne aufschäumen. Die Brösel und die Kokosflocken sowie den Kristallzucker hinzugeben und unter ständigem Rühren hellbraun anrösten. Die Pfanne vom Herd nehmen und etwas Limettenabrieb über die Brösel geben.

7 Die Nudeln mit dem Schaumlöffel aus dem Topf nehmen und auf dem Schaumlöffel liegend auf Küchenkrepp legen, damit die Nudeln gut abtropfen können. Die abgetropften Nudeln in den Bröseln wälzen, dann auf 4 Tellern anrichten und mit etwas Puderzucker bestreuen.

Süßer Kartoffelstrudel mit Haselnüssen

Zutaten für 4 Personen

250 g mehlig- bis fest-
kochende Kartoffeln (z. B.
Hermes oder Rote Emma)

Salz

100 g weiche Butter

80 g Puderzucker

3 Eigelb

Abrieb von ¹/₂ unbehan-
delten Zitrone

100 g geröstete, fein ge-
mahlene Haselnusskerne

125 g Sauerrahm
(saure Sahne,
Fettgehalt 15 %)

3 Eiweiß

2 Blatt (ca. 50 g) Strudel-
oder Filoteig (aus dem
Kühlregal; Filoteig ist
erhältlich im türkischen
Lebensmittelgeschäft
oder im gut sortierten
Supermarkt)

50 g flüssige Butter
zum Bestreichen

Puderzucker
zum Bestäuben

Zubereitungszeit: 1 Stunde 20 Minuten

1 Für die Füllung die Kartoffeln in einen Topf geben, mit Wasser bedecken und salzen. Das Wasser zum Kochen bringen
und die Kartoffeln darin weich kochen. Die Kartoffeln durch
ein Sieb schütten, ausdampfen lassen, pellen und durch die
Kartoffelpresse geben oder mit einer Gabel fein zerdrücken.

2 Die weiche Butter und den Puderzucker in eine Schüssel
geben und mit dem Handrührgerät etwa 5 Minuten schaumig
schlagen. Die Eigelb einzeln in die schaumige Butter-Zucker-
Mischung rühren. Danach die fein geriebene Zitronenschale
und 1 Prise Salz in die Mischung rühren.

3 Anschließend die gemahlenen Haselnüsse, den Sauerrahm
und die Kartoffelmasse unter die Mischung mengen.

4 Die Eiweiß zu steifem Schnee schlagen. Den Eischnee unter
die Strudelfüllung ziehen.

5 Ein Strudelplatte auf ein sauberes Geschirrtuch legen und
mit flüssiger Butter bepinseln. Das zweite Strudelblatt auf
das erste legen und ebenfalls mit flüssiger Butter bepinseln.

6 Die Strudelfüllung auf den Teig streichen. Dabei rundherum
einen Rand von 3 cm frei lassen. Die Teigränder nach oben
klappen und den Strudel mithilfe des Geschirrtuchs einrollen.

7 Den Strudel auf ein mit Backtrennpapier bedecktes Backblech legen und im auf 180 °C vorgeheizten Backofen etwa
35 Minuten backen. Den Strudel dabei immer wieder mit
flüssiger Butter bestreichen.

8 Den fertigen Strudel kurz zimmerwarm ruhen lassen, dann
mit Puderzucker bestäuben und portionsweise zurecht-
schneiden. Die Stücke lauwarm servieren.

231

Bretonischer Kartoffel-
Butter-Kuchen mit Pflaumencreme

**Für den
bretonischen Kuchen**
250 g mehligkochende
Kartoffeln (z. B. Hermes,
Agria oder Bintje)
Salz
250 g weiche Butter
$\frac{1}{2}$ TL grobes Meersalz
250 g Puderzucker
5 Eigelb
180 g Weizenmehl
(Type 405)
5 Eiweiß

Zubereitungszeit: $1\frac{1}{2}$ Stunden, Backzeit: 45 Minuten

1   Die Kartoffeln in einen Topf geben, mit Wasser bedecken und salzen. Das Wasser zum Kochen bringen und die Kartoffeln darin weich kochen. Die weichen Kartoffeln durch ein Sieb schütten, pellen und etwas abkühlen lassen, dann mit dem Pürierstab cremig pürieren.

2   Die weiche Butter mit dem Meersalz und der Hälfte des Puderzuckers in eine Schüssel geben und mit dem Handrührgerät 10 Minuten zu einer dicken Creme aufschlagen. (Die Mischung sollte weiß-cremig sein.)

3   Die Eigelb nacheinander in den Teig rühren.

4   Das lauwarme Kartoffelpüree vorsichtig unter den Teig heben. Dann das Mehl am besten mit einem Teigschaber unterheben.

5   Die Eiweiß mit dem Handrührgerät schaumig schlagen, den restlichen Puderzucker dazugeben und alles zu cremigem Schnee schlagen. Den Eischnee portionsweise unter den Butter-Kartoffel-Teig heben.

(Fortsetzung von Seite 232)

flüssige Butter und
Kristallzucker für die Form

Für die Pflaumencreme
100 g Powidl
(Pflaumenmus)
4 EL Zwetschgengeist
125 g Crème fraîche

6   Eine Kastenform (28 cm lang) mit flüssiger Butter auspinseln und mit Kristallzucker ausstreuen. Den Teig in die Form füllen und die Oberfläche glatt streichen. Den Kuchen auf der mittleren Schiene im auf 190 °C vorgeheizten Backofen etwa 20 Minuten backen. Dann die Kuchenoberfläche mit einem Messer mehrmals einritzen und den Kuchen weitere 25 Minuten fertig backen. (Bräunt er zu schnell, den Kuchen nach der Hälfte der Backzeit mit Backtrennpapier abdecken.)

7   Den fertigen Kuchen aus dem Ofen nehmen und etwas abkühlen lassen, dann auf ein Kuchengitter stürzen und vollständig abkühlen lassen.

8   Für die Powidlcreme das Pflaumenmus mit dem Zwetschgengeist glatt rühren, dann die Crème fraîche untermengen.

9   Den Kuchen in Stücke schneiden und gemeinsam mit der Powidlcreme servieren.

Tipp: Der Kartoffel-Butter-Kuchen lässt sich gut einfrieren.

Gewürzapfelauflauf

Zutaten für 4–6 Portionen

700 g Äpfel (z. B. Gala)

500 ml trockener Weißwein

3 EL flüssiger Honig

3 Gewürznelken

500 g mehligkochende Kartoffeln (z. B. Hermes oder Bintje)

Salz

100 g weiche Butter

4 Eigelb

100 g Puderzucker

Abrieb von $1/2$ unbehandelten Zitrone

100 g gemahlene Mohnsamen

50 g Weizenmehl (Type 405)

4 Eiweiß

1 Päckchen Vanillezucker

weiche Butter für die Form

etwa Puderzucker zum Bestreuen

Zubereitungszeit: $1^1/_2$ Stunden

1 Die Äpfel schälen, halbieren und entkernen.

2 Den Weißwein mit dem Honig und den Gewürznelken in einen Topf geben und aufkochen, dann Hitze reduzieren und die Apfelhälften darin weich kochen. Die weichen Apfelhälften aus dem Sud nehmen und gründlich abtropfen lassen.

3 Die Kartoffeln in einen Topf geben, mit Wasser bedecken und salzen. Das Wasser zum Kochen bringen, die Kartoffeln darin weich kochen. Die weichen Kartoffeln durch ein Sieb schütten, pellen und noch heiß durch die Kartoffelpresse drücken.

4 Die weiche Butter mit den Eigelb und dem Puderzucker in eine Schüssel geben und mit dem Handrührgerät zu einer dicken Creme aufschlagen. 1 Prise Salz hinzufügen, dann die Kartoffelmasse hineinrühren. Anschließend die fein geriebene Zitronenschale hinzufügen.

5 Den Mohn und das Mehl ebenfalls in den Teig rühren.

6 Die Eiweiß mit dem Handrührgerät cremig aufschlagen, dann den Vanillezucker hinzufügen. Den Eischnee unter den Kartoffelteig heben.

7 Die Hälfte des Teigs in eine gefettete Auflaufform (ca. 20 x 30 cm) geben und die Oberfläche glatt streichen. Die abgetropften Äpfel darauflegen, dann den restlichen Teig daraufgeben und die Oberfläche glatt streichen.

8 Den Auflauf auf der mittleren Schiene im auf 180 °C vorgeheizten Backofen etwa 40 Minuten backen.

9 Den Apfelauflauf in Portionen teilen, auf Tellern anrichten und mit Puderzucker bestreuen.

Getränkte Limoncelloküchlein

Zutaten für 6 Personen

Für die Küchlein
150 g mehligkochende
Kartoffeln (z. B. Hermes)
Salz
1 unbehandelte Zitrone
1 unbehandelte Orange
1 unbehandelte Limette
150 g Butter
80 g Puderzucker
2 Eier
80 g Weizenmehl
(Type 550)
40 g Weizengrieß
1 TL Backpulver

Zubereitungszeit: 1 Stunde (ohne Abkühlzeit), Backzeit: 40 Minuten

1 Die Kartoffeln in einen Topf geben, mit Wasser bedecken und salzen. Das Wasser zum Kochen bringen und die Kartoffeln darin weich kochen. Die weichen Kartoffeln durch ein Sieb schütten, pellen und etwas abkühlen lassen, dann fein reiben.

2 Die Schale der Zitrone, der Orange und der Limette fein abreiben und die Zitrone sowie die Orange auspressen.

3 Die Butter in einem Topf zerlassen, dann den feinen Schalenabrieb hinzufügen. Den Zitronen- und den Orangensaft hinzugeben und alles vermengen.

4 Dann den Puderzucker und die Eier hinzufügen und kurz hineinrühren. Anschließend die fein geriebenen Kartoffeln in den Topf geben und gut unterrühren.

5 Das Mehl mit dem Grieß und dem Backpulver in eine Schüssel sieben, über den Teig geben und zügig unterrühren. (Wichtig: Nur kurz rühren, sonst wird der Teig zähflüssig.)

6 Den flüssigen Teig in 6 Silikonbackförmchen (je 120 ml Fassungsvermögen) füllen.

(Fortsetzung von Seite 237)

Für den Limoncellosirup
125 ml trockener
Weißwein

2 EL brauner Zucker

65 ml Limoncello
(italienischer
Zitronenlikör)

7 Die Küchlein auf der mittleren Schiene im auf 170 °C vorgeheizten Backofen etwa 35–40 Minuten backen. Die fertig
gebackenen Küchlein aus den Formen lösen und in eine
Auflaufform legen.

8 Für den Limoncellosirup den Weißwein mit dem Zucker in einen Topf geben und aufkochen. Den Wein 2 Minuten köcheln
lassen, dann den Topf vom Herd nehmen und den Limoncello
hinzufügen. Den Sirup etwas abkühlen lassen, dann über die
Küchlein gießen.

9 Die Küchlein warm oder kalt servieren.

Tipp: Servieren Sie diese Limoncello-Küchlein mit halbsteif
geschlagener Sahne.

Zwetschgen-Kartoffel-Kuchen mit Mandelkruste

Zutaten für 10–12 Stück

Für den Teig
150 g mehligkochende Kartoffeln (z. B. Bintje oder Hermes)
Salz
150 g weiche Butter
150 g Kristallzucker
1 Päckchen Vanillezucker
$1/2$ TL gemahlener Zimt
Abrieb von $1/2$ unbehandelten Zitrone
2 Eier
20 ml brauner Rum
300 g Weizenmehl (Type 550)
$1/2$ Päckchen Backpulver
etwas weiche Butter und Semmelbrösel für die Form

Für den Belag
600 g Zwetschgen
50 g Kristallzucker
50 g Mandelblättchen
etwas gemahlener Zimt zum Bestäuben

Zubereitungszeit: $1^1/_2$ Stunden

1 Die Kartoffeln in einen Topf geben, mit Wasser bedecken und salzen. Das Wasser zum Kochen bringen und die Kartoffeln darin weich kochen. Die weichen Kartoffeln durch ein Sieb schütten, pellen und noch heiß durch die Kartoffelpresse drücken. Die Kartoffelmasse abkühlen lassen.

2 Die weiche Butter, den Zucker, den Vanillezucker, den Zimt, die fein geriebene Zitronenschale und 1 Prise Salz in einer Schüssel mit dem Handrührgerät schaumig schlagen. Dann die Eier einzeln einarbeiten und zum Schluss den Rum hineinrühren.

3 Das Mehl mit dem Backpulver vermischen, zu dem Teig in die Schüssel sieben und einarbeiten.

4 Den Teig in eine mit Butter gefettete und mit Semmelbröseln ausgestreute Springform (24 cm Durchmesser) füllen und die Oberfläche glatt streichen.

5 Die Zwetschgen waschen, entsteinen und vierteln. Den Teig mit den Zwetschgenvierteln belegen. Die Zwetschgen anschließend mit dem Zucker und den Mandelblättchen bestreuen.

6 Den Kuchen auf der mittleren Schiene im auf 180 °C vorgeheizten Backofen etwa 45 Minuten backen. Den fertigen Kuchen etwas abkühlen lassen, aus der Form lösen, mit Zimt bestäuben und erkalten lassen.

Süßes

Kartoffel-Apfel-Marmelade

**Zutaten für
4 Gläser (à 250 g)**

3 Äpfel
(ca. 500 g, z. B. Gala)
130 g Kristallzucker
375 ml Apfelsaft
1 Vanillestange
2 EL Rosinen
100 g mehligkochende
Kartoffeln (z. B. Hermes
oder Agria)
Salz
Saft von 2 Zitronen

Zubereitungszeit: 1 Stunde

1 Die Äpfel schälen, halbieren, die Kerngehäuse entfernen und die Äpfel in $\frac{1}{2}$ cm große Würfel schneiden.

2 30 g Zucker in einen Topf geben und bei geringer Hitze karamellisieren. Den Karamell mit dem Apfelsaft ablöschen und 5–6 Minuten kochen lassen. Dann die Apfelwürfel, die ganze Vanillestange und die Rosinen in den Karamellfond geben. Alles köcheln lassen, bis die Flüssigkeit vollständig verkocht ist. Den Topf vom Herd nehmen und den Apfelkaramell 10 Minuten ziehen lassen. Danach die Vanillestange aus dem Topf nehmen.

3 Die Kartoffeln in einen Topf geben, mit Wasser bedecken und salzen. Das Wasser zum Kochen bringen und die Kartoffeln darin weich kochen. Die Kartoffeln durch ein Sieb schütten, pellen und leicht abkühlen lassen, dann fein reiben.

4 Die warmen, geriebenen Kartoffeln mit dem restlichen Zucker (100 g) und dem frisch gepressten Saft der beiden Zitronen in einen Topf geben und bei mittlerer Temperatur unter ständigem Rühren etwa 10 Minuten erhitzen. (Dabei wird die Kartoffelmasse leicht fest und der Zucker karamellisiert.)

(Fortsetzung von Seite 240)

40 ml brauner Rum
1 TL gemahlener Zimt
Rum zum Benetzen
der Gläser

5   Die Kartoffelmischung mit 250 ml Wasser aufgießen und gut verrühren. Den Topf vom Herd nehmen und die Kartoffelmischung mit dem Pürierstab gut durchmixen.

6   Die karamellisierten Äpfel, den Rum und den Zimt in die Kartoffelcreme geben, alles gut durchrühren und erneut erhitzen, bis die Marmelade leicht »glasig« wird.

7   Die Marmelade in mit Rum ausgespülte und sterilisierte, gut verschließbare Gläser füllen.

Tipp: Die Marmelade wird etwas fester, wenn Sie am Ende von Schritt 6 Instantgelatine (1 Packung à 30 g) unterrühren. Lassen Sie die Marmelade vor dem Verzehr 2–3 Tage im Kühlschrank durchziehen. Im Kühlschrank ist sie 2 Monate lang haltbar.

Die Marmelade schmeckt hervorragend zu süßem Kartoffelbrot (dazu den Grundteig des Kartoffelzopfs, siehe Seite 251, in Briocheformen füllen und im auf 170 °C vorgeheizten Backofen 35 Minuten backen).

Variante: Verfeinern Sie die Marmelade mit 2–3 EL gerösteten, grob gehackten Haselnusskernen.

Süße Kartoffel-Apfel-Puffer mit Sauerrahmespuma

Zutaten für 4 Personen

Für die Sauerrahmespuma
250 ml Sauerrahm
(saure Sahne,
15 % Fettgehalt)
125 ml Sahne
1 TL Vanillezucker

Für die Kartoffel-Apfel-Puffer
500 g mehligkochende
Kartoffeln (z. B. Hermes
oder Bintje)
2 Äpfel (z. B. Boskoop)
2 Eier
2 EL Vanillezucker
80 g Weizenmehl
(Type 550)
1 Prise Salz
etwas Butterschmalz
zum Ausbacken
Puderzucker
zum Bestäuben

Zubereitungszeit: ca. 45 Minuten

1   Für die Espuma den Sauerrahm mit der Sahne und dem Vanillezucker glatt rühren. Die Mischung in eine Espumaflasche (Siphonflasche) füllen, diese mit 2 Kapseln bestücken, die Flasche gut schütteln und bis zur Verwendung kalt stellen.

2   Für die Puffer die rohen Kartoffeln schälen und grob raffeln.

3   Die geraffelten Kartoffeln auf ein sauberes Küchentuch geben, dessen Enden zusammenschlagen und die Kartoffeln fest ausdrücken.

4   Die Äpfel waschen und ungeschält grob raffeln.

5   Die geraffelten Kartoffeln und Äpfel, die Eier, den Vanillezucker, das Mehl und das Salz in eine Schüssel geben und gut vermengen.

6   Etwas Butterschmalz in einer beschichteten Pfanne erhitzen. Von dem Pufferteig mit einem Esslöffel kleine Portionen abstechen und in das heiße Butterschmalz geben. Die Puffer flach drücken und von beiden Seiten knusprig ausbacken.

7   Die fertig ausgebackenen Puffer mit dem Pfannenwender aus der Pfanne nehmen und auf Küchenkrepp abtropfen lassen. Die Puffer auf 4 vorgewärmten Tellern anrichten, mit Puderzucker bestäuben und die Sauerrahmespuma dazu garnieren und dann servieren.

Kartoffelbaumkuchen
mit Zimt und Honig

Zutaten für ca. 20 Stück

100 g mehligkochende
Kartoffeln (z. B. Hermes
oder Melody)

Salz

60 g weiche Butter

50 g Marzipanrohmasse

3 Eier (Größe L), getrennt
in Eigelb und Eiweiß

50 g Weizenstärke

1 EL Weizenmehl
(Type 405)

60 g Puderzucker

3 EL flüssiger Honig

1 TL gemahlener Zimt

etwas fein geriebene
Orangenschale

Zubereitungszeit: 2 Stunden

1   Die Kartoffeln in einen Topf geben, mit Wasser bedecken
und salzen. Das Wasser zum Kochen bringen und die Kartoffeln darin weich kochen. Die weichen Kartoffeln durch ein
Sieb schütten, pellen und noch heiß zweimal durch die Kartoffelpresse drücken. Die Kartoffelmasse abkühlen lassen.

2   Die weiche Butter in einen hohen Rührbecher geben. Die
lauwarme Kartoffelmasse, die in Stücke geschnittene Marzipanrohmasse und die Eigelb mit 1 Prise Salz hinzufügen und
alles mit dem Pürierstab fein durchmixen. Den Teig in eine
Schüssel umfüllen.

3   Die Weizenstärke mit dem Mehl vermischen, sieben und
unter den Kartoffelteig heben.

4   Die Eiweiß und den Puderzucker mit dem Handrührgerät
cremig schlagen. Den cremigen Eischnee nach und nach
unter den Kartoffelteig ziehen.

5   Den Honig mit dem Zimt und dem Orangenabrieb verrühren.

(Fortsetzung von Seite 245)

Butter zum Einfetten
4 EL brauner Zucker
zum Bestreuen

6   Eine kleine, rechteckige Auflauf- oder Springform
(20 x 12 cm) mit Backtrennpapier auslegen und mit Butter
einfetten. Eine dünne Schicht Kartoffelteig in die Form
streichen und die Oberfläche glatt streichen. Die Teigoberfläche mit etwas Orangen-Zimt-Honig beträufeln. Den Teig
auf der obersten Schiene im auf 220 °C vorgeheizten Backofen (Umluft) 3–4 Minuten backen, bis er leicht hellbraun ist.

7   Auf den gebackenen Teigboden erneut eine dünne Teig-
schicht streichen, diese mit etwas Orangen-Zimt-Honig
beträufeln und den Teig wie beschrieben backen. Diesen
Vorgang so lange wiederholen, bis der Teig und der Orangen-
Zimt-Honig verbraucht sind. Die letzte noch ungebackene
Teigschicht mit dem braunen Zucker bestreuen und den
Baumkuchen im abgeschalteten Backofen stehen lassen, bis
der Zucker karamellisert ist.

8   Den fertigen Baumkuchen abkühlen lassen, dann in etwa
4 cm lange Stangen oder Rauten schneiden. (Der Kuchen hält
sich kühl und trocken aufbewahrt etwa 2 Wochen.)

Tipp: Am besten gelingt der Baumkuchen mit der Einstellung
Grill / Umluft. Den Teig dann bei 200 °C backen.

Zwetschgenknödel
in geschmolzenen Butterbröseln

Zutaten für 4 Personen

Für den Teig
450 g mehligkochende Kartoffeln (z. B. Bintje oder Hermes)
Salz
80 g weiche Butter
250 g Topfen (Quark, 20 % Fettgehalt)
1 Ei
30 g Weizengrieß
Abrieb von $1/2$ unbehandelten Zitrone
100 g Weizenmehl (Type 405)
Weizenmehl zum Ausarbeiten

Für die Füllung
12 Zwetschgen
12 Zuckerwürfel
40 ml Zwetschgenschnaps
Weizenmehl zum Ausarbeiten

Zubereitungszeit: $1^1/_2$ Stunden

1 Für den Teig die Kartoffeln in einen Topf geben, mit Wasser bedecken und salzen. Das Wasser zum Kochen bringen und die Kartoffeln darin weich kochen. Die Kartoffeln durch ein Sieb schütten, pellen und noch warm durch die Kartoffelpresse drücken. Die Kartoffelmasse etwas abkühlen lassen.

2 Die weiche Butter mit dem Topfen, dem Ei und dem Grieß glatt rühren. Dann 1 Prise Salz und die fein geriebene Zitronenschale hineinrühren. Anschließend die Kartoffelmasse und das Mehl hinzufügen und die Masse auf der bemehlten Arbeitsfläche rasch zu einem glatten Teig verkneten. Den Teig in Klarsichtfolie wickeln und 15 Minuten im Kühlschrank ruhen lassen.

3 Für die Füllung die Zwetschgen waschen, bis zur Hälfte aufschneiden und entsteinen.

4 Die Zuckerwürfel kurz in den Zwetschgenschnaps tauchen. In jede Zwetschge einen solchen Zuckerwürfel stecken.

5 Den Teig auf einer bemehlten Arbeitsfläche zu einer etwa 5 cm dicken Rolle formen und diese in 12 gleich große Stücke schneiden.

247

Süßes

(Fortsetzung von Seite 247)

Für die Butterbrösel
150 g Butter
200 g Weißbrotbrösel
oder Briochebrösel
1 TL Vanillezucker
Puderzucker
zum Bestäuben

6   Die Teigstücke mit bemehlten Händen leicht flach drücken, mit je einer gefüllten Zwetschge belegen und zu Knödeln formen.

7   In einem großen Topf reichlich leicht gesalzenes Wasser zum Kochen bringen. Die Knödel in das kochende Wasser legen und bei geringer Hitze etwa 12–15 Minuten eher gar ziehen als kochen lassen.

8   Für die geschmolzenen Brösel die Butter in einer Pfanne aufschäumen, die Brösel und den Vanillezucker hinzugeben und die Brösel unter ständigem Rühren hellbraun anrösten.

9   Die garen Zwetschgenknödel mit dem Schaumlöffel aus dem Topf nehmen und auf Küchenkrepp abtropfen lassen, dann in den Butterbröseln wälzen.

10   Die Zwetschgenknödel auf 4 Tellern anrichten und mit reichlich Puderzucker bestäuben.

Kartoffelzopf mit Fruchtfüllung

Zutaten für 12–15 Stück

Für die Füllung

80 g getrocknete Marillen (Aprikosen)

80 g getrocknete Zwetschgen

80 g getrocknete Apfelringe

40 ml Sliwowitz (serbischer Pflaumengeist)

Saft von 2 Orangen

100 g weiche Marzipanrohmasse

Für den Teig

250 g mehligkochende Kartoffeln (z. B. Bintje, Hermes oder Agria)

Salz

400 g Weizenmehl (Type 550)

100 g weiche Butter

1 Ei

2 Eigelb

100 g Puderzucker

Abrieb von 1 unbehandelten Zitrone

125 ml lauwarme Vollmilch

20 g frische Backhefe

1 TL flüssiger Honig

Zubereitungszeit: etwa 2 Stunden, Marinierzeit: 4 Stunden

1 Für die Füllung die Trockenfrüchte in kleine Würfel schneiden und in eine Schüssel geben. Den Sliwowitz und den frisch gepressten Orangensaft darübergeben und die Trockenfrüchte zugedeckt etwa 4 Stunden marinieren.

2 Die Marzipanrohmasse in kleine Würfel schneiden und unter die marinierten Trockenfrüchte mengen.

3 Für den Teig die Kartoffeln in einen Topf geben, mit Wasser bedecken und salzen. Das Wasser zum Kochen bringen und die Kartoffeln darin weich kochen. Die weichen Kartoffeln durch ein Sieb schütten, pellen und noch heiß durch die Kartoffelpresse drücken. Die Kartoffelmasse abkühlen lassen.

4 Das Mehl, die weiche Butter, das Ei, die Eigelb, den Puderzucker, 1 Prise Salz, die fein abgeriebene Zitronenschale und die lauwarme Milch in eine Rührschüssel geben. Die Kartoffelmasse hinzufügen.

5 Die Hefe mit dem Honig glatt rühren und zu dem Kartoffelteig geben. Die Mischung mit dem Handrührgerät zu einem glatten Teig verarbeiten. Den Teig zugedeckt an einem warmen Ort ca. 30 Minuten ruhen lassen.

(Fortsetzung von Seite 251)

etwas Weizenmehl
zum Ausarbeiten

1 verquirltes Eigelb
zum Bestreichen

6   Den Teig nochmals durchkneten und auf einer bemehlten Arbeitsfläche zu einer ovalen Platte von ca. 40 x 20 cm ausrollen.

7   Die Fruchtfüllung der Länge nach »striezelförmig«, also der Länge nach, auf den Hefeteig geben. Dabei einen 5–6 cm breiten Rand frei lassen.

8   Die überstehenden Teigränder in Abständen von jeweils 2 cm einschneiden.

9   Die so entstandenen Teigstreifen abwechselnd von der linken und von der rechten Seite her über die Füllung klappen.

10 Den Zopf auf ein mit Backtrennpapier bedecktes Blech legen und mit dem verquirltem Eigelb bestreichen. Den Zopf im auf 170 °C vorgeheizten Backofen auf mittlerer Schiene etwa 50 Minuten backen.

Mohn-Marzipan-Knödel mit Rotweinheidelbeeren

Zutaten für 12 Stück

Für den Teig

500 g mehligkochende Kartoffeln (z. B. Hermes, Bintje oder Agria)

Salz

1 Ei

50 g weiche Butter

200 g Weizenmehl (Type 405)

2 EL Hartweizengrieß

etwas Weizenmehl zum Ausarbeiten

Für die Füllung

100 g gemahlene oder fein zerdrückte Mohnsamen

100 g weiche Marzipanrohmasse

1 EL Heidelbeerkonfitüre

1 Prise Zimt

Zubereitungszeit: 50 Minuten

1 Für den Teig die Kartoffeln in einen Topf geben, mit Wasser bedecken und salzen. Das Wasser zum Kochen bringen und die Kartoffeln darin weich kochen. Die weichen Kartoffeln durch ein Sieb schütten, pellen und noch heiß durch die Kartoffelpresse in eine Schüssel drücken.

2 Die Kartoffelmasse mit dem Ei, der Butter, dem Mehl, dem Grieß und 1 Prise Salz rasch zu einem glatten Teig verarbeiten. Anschließend mit Klarsichtfolie abdecken und 15 Minuten im Kühlschrank ruhen lassen.

3 Für die Füllung den Mohn mit dem Marzipan, der Heidelbeerkonfitüre und dem Zimt verkneten. Diese Masse zu 12 kleinen Kugeln formen.

4 Den Kartoffelteig in 12 Portionen teilen. Jedes Teigstück zu einer Kugel formen, diese flach drücken und dann mit einer Mohn-Marzipan-Kugel belegen. Dann mit bemehlten Händen kleine Knödel aus den belegten Scheiben formen.

5 In einem großen Topf reichlich leicht gesalzenes Wasser zum Kochen bringen. Die Knödel in das kochende Salzwasser legen und bei mittlerer Hitze etwa 8 Minuten ziehen lassen.

(Fortsetzung von Seite 253)

**Für die Butter-
Mohn-Brösel**
80 g Butter
100 g Semmelbrösel
50 g gemahlene
Mohnsamen
2 Päckchen Vanillezucker

**Für die Rotwein-
heidelbeeren**
125 ml trockener Rotwein
2 EL flüssiger Honig
2 Gewürznelken
1 Streifen unbehandelte
Orangenschale
350 g frische
Heidelbeeren,
verlesen und geputzt
etwas Puderzucker
zum Bestäuben

6   Für die Butter-Mohn-Brösel die Butter in einer Pfanne zer-
    lassen. Die Semmelbrösel und den Mohn darin kurz anbra-
    ten, dann den Vanillezucker untermengen.

7   Die garen Knödel mit dem Schaumlöffel aus dem Topf neh-
    men und auf Küchenkrepp abtropfen lassen. Die Knödel dann
    in den Butter-Mohn-Bröseln wälzen.

8   Für die Rotweinheidelbeeren den Rotwein mit dem Honig,
    den Gewürznelken und der Orangenschale in einen Topf ge-
    ben und aufkochen. Den Topf vom Herd nehmen, die Heidel-
    beeren hinzufügen und den Fond erneut aufkochen. Den Topf
    wieder vom Herd nehmen und die Rotweinheidelbeeren kurz
    abkühlen lassen.

9   Die Mohn-Marzipan-Knödel mit den Rotweinheidelbeeren
    anrichten und mit Puderzucker bestäuben.

Skubanky mit Lebkuchenbröseln und Himbeercoulis

Zutaten für 4 Personen

Für das Himbeercoulis
350 g Himbeeren (frisch oder tiefgekühlt)
1 EL Himbeerlikör
1–2 EL Puderzucker

Für die Skubanky
400 g vorwiegend mehlig-kochende Kartoffeln (z. B. Hermes oder Melody)
Salz
60 g Butter
50 g Weizenmehl (Type 405)
1 EL Puderzucker
1 TL Vanillezucker
3 EL Butterschmalz zum Ausbacken
80 g altbackene Lebkuchen
60 g flüssige Butter
Puderzucker zum Bestäuben
Himbeeren zum Garnieren

Zubereitungszeit: 45 Minuten

1 Für das Himbeercoulis die Himbeeren in einen hohen Rührbecher geben und mit dem Pürierstab pürieren. Das Püree durch ein engmaschiges Sieb streichen, dann mit dem Himbeerlikör und dem Puderzucker glatt rühren.

2 Die Kartoffeln schälen, in große Würfel schneiden, in einen Topf geben, mit Wasser bedecken und salzen. Das Wasser zum Kochen bringen, die Kartoffeln darin kochen. Die weichen Kartoffeln durch ein Sieb schütten, zurück in den Topf geben und auf der abgeschalteten Herdplatte ausdampfen lassen. (Die Kartoffeln müssen ganz trocken werden.)

3 Die noch heißen Kartoffeln zerstampfen.

4 Die Butter zerlassen und über den Kartoffelstampf gießen.

5 Das Mehl, den Puderzucker, den Vanillezucker und 1 Prise Salz untermengen, dann den Teig 10 Minuten ruhen lassen.

6 Das Butterschmalz in einer beschichteten Pfanne zerlassen.

7 Vom Kartoffelteig mit einem Esslöffel Nocken abstechen und diese in dem Butterschmalz bei geringer Hitze von allen Seiten goldgelb ausbacken. Die Nocken mit dem Pfannenwender herausnehmen und auf Küchenkrepp abtropfen lassen.

8 Die Lebkuchen in der Küchenmaschine zu feinen Bröseln verarbeiten. Die Skubanky darin wälzen, auf 4 Tellern anrichten, mit der flüssigen Butter übergießen, mit Puderzucker bestäuben, mit dem Himbeercoulis und den Himbeeren garnieren und servieren.

Info: Die Kartoffelnocken sind eine tschechische Spezialität.

Maroni-Kartoffel-Buchteln mit Hollerröster

Zutaten für 4–6 Personen

Für die Füllung
200 g ungeschälte Maroni
(Maronen, Esskastanien)
100 ml Schlagsahne
2 Päckchen Vanillezucker
20 ml brauner Rum

Für den Teig
200 g mehligkochende
Kartoffeln (z. B. Bintje
oder Hermes)
Salz
300 g Weizenmehl
(Type 405)
2 Eigelb
100 g zerlassene Butter
125 ml lauwarme Vollmilch
20 g frische Backhefe
1 TL flüssiger Honig

Zubereitungszeit: 2 Stunden

1 Für die Füllung die Maroni an den Wölbungen kreuzförmig einschneiden und in einen Topf mit Wasser geben. Das Wasser zum Kochen bringen und die Maroni 10 Minuten kochen, dann durch ein Sieb schütten, schälen und grob hacken.

2 Die Sahne in einem kleinen Topf aufkochen, dann die Maroni hineingeben und bei schwacher Hitze 10–12 Minuten kochen. Den Topf vom Herd nehmen und die Maroni-Sahne-Mischung vollständig erkalten lassen. Dann den Vanillezucker sowie den Rum hinzugeben.

3 Für den Teig die Kartoffeln in einen Topf geben, mit Wasser bedecken und salzen. Das Wasser zum Kochen bringen und die Kartoffeln darin weich kochen. Die Kartoffeln durch ein Sieb schütten, pellen und noch heiß durch die Kartoffelpresse drücken. Die Kartoffelmasse in eine Schüssel geben.

4 Das Mehl, Eigelb, die Hälfte der zerlassenen Butter und die lauwarme Milch zu der Kartoffelmasse geben.

5 Die Hefe mit dem Honig glatt rühren. Die Hefe-Honig-Mischung mit der Maronimischung und der Kartoffelmasse vermengen, $\frac{1}{2}$ TL Salz hinzufügen, dann alles rasch zu einem glatten Teig verarbeiten.

258

Weizenmehl
zum Ausarbeiten
100 g Butter für die Form

Für das Holunderkompott
250 g Hollerröster
(Holunderkompott)
20 ml brauner Rum
Puderzucker
zum Bestreuen

6 Den Teig zugedeckt an einem warmen Ort ca. 30 Minuten gehen lassen.

7 Den Teig auf einer bemehlten Arbeitsfläche nochmals durchkneten, zu einer Rolle formen und diese in 12 gleich große Stücke teilen.

8 Die Butter in einer Pfanne zerlassen.

9 Die Teigstücke zu Kugeln formen. Eine Auflaufform mit der flüssigen Butter ausstreichen und die Teigkugeln (Buchteln) hineinlegen.

10 Die Buchteln mit der restlichen zerlassenen Butter bestreichen und zugedeckt weitere 15 Minuten gehen lassen.

11 Die Buchteln auf der mittleren Schiene im auf 180 °C vorgeheizten Backofen 40 Minuten backen. Die fertigen Buchteln aus dem Ofen nehmen und kurz abkühlen lassen.

12 Den Hollerröster mit dem Rum verrühren.

13 Die Buchteln auseinanderziehen, auf Tellern anrichten, mit Puderzucker bestäuben und mit dem Hollerröster servieren.

Süße Frühlingsrollen mit Kartoffel-Schoko-Füllung und Amarettosahne

Zubereitungszeit: ca. 45 Minuten

Zutaten für 18 Stück

Für die Füllung
120 g mehligkochende Kartoffeln (z. B. Hermes oder Bintje)
Salz
80 g weiche Butter
80 g Puderzucker
3 Eigelb
100 g gemahlene Mandeln
120 g Bitterschokolade, sehr fein gehackt
3 EL Amaretto oder brauner Rum
Abrieb von 1/2 unbehandelten Orange

1 Für die Füllung die Kartoffeln in einen Topf geben, mit Wasser bedecken und salzen. Das Wasser zum Kochen bringen und die Kartoffeln darin weich kochen. Die weichen Kartoffeln durch ein Sieb schütten, pellen und noch heiß mit einer Gabel fein zerdrücken.

2 Die weiche Butter mit dem Puderzucker in eine Schüssel geben und mit dem Handrührgerät sehr cremig rühren.

3 Dann die Eigelb unter die so entstandene Buttercreme rühren, anschließend die gemahlenen Mandeln, die fein gehackte Bitterschokolade und die zerdrückten Kartoffeln unterheben. Zum Schluss den Amaretto oder Rum und die fein geriebene Orangenschale in den Teig einarbeiten.

(Fortsetzung von Seite 260)

Für die Frühlingsrollen
18 Blatt Frühlingsrollen-
oder Filoteig (erhältlich im
Asialaden bzw. türkischen
Lebensmittelgeschäft
oder im gut sortierten
Supermarkt)
2 verquirlte Eiweiß
zum Bestreichen
neutrales Pflanzenöl
zum Frittieren
Puderzucker
zum Bestäuben

Für die Amarettosahne
250 ml kalte Schlagsahne
1 EL brauner Zucker
20 ml Amaretto

4   Für die Frühlingsrollen die Teigblätter aus der Packung nehmen, das erste Teigblatt abheben und die restlichen mit einem feuchten Geschirrtuch bedecken. Das erste Teigblatt wie eine Raute (mit einer Spitze zum Körper zeigend) auf die Arbeitsfläche legen und mit etwas verquirltem Eiweiß bestreichen. Etwa 1 EL Füllung der Länge nach auf das untere Drittel des Teiges geben. Das obere (freie) Teigende über die Füllung klappen, die Seiten umschlagen und den Teig eng einrollen. Die so entstandene Frühlingsrolle ebenfalls mit einem feuchten Geschirrtuch bedecken. Den beschriebenen Vorgang mit den Teigblättern wiederholen, bis alle Zutaten aufgebraucht sind. Die fertigen Frühlingsrollen stets unter das feuchte Geschirrtuch legen.

5   Das Pflanzenöl in einem Topf erhitzen, die Frühlingsrollen darin portionsweise 2–3 Minuten goldbraun ausbacken. Die frittierten Frühlingsrollen mit dem Schaumlöffel aus dem Topf nehmen und auf Küchenkrepp abtropfen lassen.

6   Für die Amarettosahne die kalte Sahne gemeinsam mit dem braunen Zucker zu einer dicken Creme aufschlagen, dann den Amaretto unterziehen.

7   Die Frühlingsrollen mit Puderzucker bestäuben und mit der Amarettosahne servieren.

Birnen-Kartoffel-Nuss-Kuchen mit Karamell

Zutaten für 8–10 Stück

Für die Füllung
200 g mehligkochende Kartoffeln (z. B. Hermes, Bintje oder Agria)
Salz
800 g gut reife Birnen (z. B. Forelle)
1 unbehandelte Zitrone

Für den Teig
300 g weiche Butter
200 g Puderzucker
6 Eier
250 g gemahlene Walnusskerne
1 Prise Salz
1 Prise gemahlener Zimt

Zubereitungszeit: ca. 40 Minuten, Backzeit: 1 Stunde

1 Die Kartoffeln gründlich waschen, in einen Topf geben, mit Wasser bedecken und salzen. Das Wasser zum Kochen bringen und die Kartoffeln darin weich kochen. Die Kartoffeln durch ein Sieb schütten, etwas abkühlen lassen, pellen und durch die Kartoffelpresse drücken oder fein reiben.

2 Die Birnen schälen, halbieren und die Kerngehäuse herausschneiden. Die Birnen vierteln oder in Spalten schneiden.

3 Die Schale von der Zitrone abreiben und beiseitestellen, die Zitrone auspressen. Die Birnenspalten mit dem Zitronensaft beträufeln.

4 Für den Teig die weiche Butter gemeinsam mit dem Puderzucker in eine Schüssel geben und mit dem Handrührgerät schaumig schlagen.

5 Die Eier aufschlagen und nacheinander in den Teig rühren (jedes Ei ca. 1 Minute).

6 Die gemahlenen Walnüsse und die noch lauwarme Kartoffelmasse unter den Teig mengen. Das Salz, den Zimt und den Zitronenabrieb hineinrühren.

150 g Weizenmehl
(Type 550)
1 TL Backpulver
10 Karamellbonbons
(weiche Karamellen)
etwas Puderzucker
zum Bestreuen

7 Das Mehl mit dem Backpulver vermischen und esslöffel-
weise durch ein Sieb in den Teig rühren.

8 Den Teig in eine gefettete eckige Springform (ca. 30 x 35 cm)
füllen und die Oberfläche glatt streichen. Die Birnenspalten
daraufgeben und leicht in den Teig drücken.

9 Die Karamellbonbons grob hacken oder in einer Küchenmaschine grob zerkleinern und über die Birnen streuen.

10 Den Kuchen auf der mittleren Schiene im auf 180 °C vorgeheizten Backofen etwa 1 Stunde backen. Den Kuchen nach
der Hälfte der Backzeit mit Alufolie abdecken.

11 Den fertigen Kuchen aus dem Ofen nehmen und abkühlen
lassen, dann in Stücke schneiden und mit Puderzucker bestreuen.

Waldviertler Mohnzelten

Zutaten für 10 Stück

Für die Füllung
125 ml Vollmilch
80 g weiche Butter
150 g Kristallzucker
200 g Mohnsamen, gequetscht
Abrieb von 1 unbehandelten Zitrone
40 ml brauner Rum

Für den Teig
300 g mehligkochende Kartoffeln (z. B. Bintje oder Hermes)
Salz
50 g weiche Butter
300 g Weizenmehl (Type 405) oder Dinkelmehl
2 Eier
125 ml Sahne
Weizenmehl zum Ausarbeiten

Zubereitungszeit: 1 Stunde 20 Minuten

1   Für die Füllung die Milch in einen Topf geben und aufkochen, dann die weiche Butter und den Zucker zufügen. Gut verrühren, dann die durch das Quetschen leicht feucht gewordenen Mohnsamen und den Zitronenabrieb zufügen. Die Hitze reduzieren und die Mischung unter Rühren ca. 5 Minuten kochen lassen. Den Topf vom Herd nehmen und den Rum in die Mohnmischung rühren, dann vollständig abkühlen lassen.

2   Die Kartoffeln in einen Topf geben, mit Wasser bedecken und salzen. Das Wasser zum Kochen bringen und die Kartoffeln darin weich kochen. Die Kartoffeln durch ein Sieb schütten, pellen und noch heiß durch die Kartoffelpresse drücken.

3   Die Kartoffelmasse mit der weichen Butter, dem Mehl, den Eiern, der Sahne und 1 Prise Salz auf einer bemehlten Arbeitsfläche zu einem glatten Teig verkneten.

4   Den Teig zu einer 4 cm dicken Rolle formen, diese in 10 gleich große Stücke schneiden und mit den Händen flach drücken.

5   Auf jede Teigscheibe 1 gehäuften EL Mohnfüllung geben, eine weitere Teigscheibe darüberlegen, die Scheiben zusammendrücken, dann zu Knödeln formen. Die Knödel flach in die typische »Zelten«-Form drücken.

6   Die Mohnzelten auf ein mit Backtrennpapier bedecktes Backblech legen. Mit einem kleinen, spitzen Messer ein »M« in jede Oberfläche ritzen. Die Mohnzelten auf der mittleren Schiene im auf 180 °C vorgeheizten Backofen etwa 15 Minuten backen. Die fertigen Mohnzelten aus dem Ofen nehmen und abkühlen lassen.

Tipp: Kühl und trocken gelagert ca. 3 Wochen haltbar.

Süße Kartoffelpalatschinken mit Zitronenthymiantopfen und glasierten Cranberrys

Für den Palatschinkenteig
250 g mehligkochende Kartoffeln (z. B. Hermes, Agria oder Bintje)
Salz
3 Eier
250 ml Vollmilch
1 Päckchen Vanillezucker
Abrieb von $1/2$ unbehandelten Zitrone
50 g Weizenmehl (Type 550)

Für den Zitronenthymiantopfen
350 g Topfen (Quark, 20 % Fettgehalt)
2 Päckchen Vanillezucker
2 EL Crème fraîche
2 EL Puderzucker
2 EL fein gezupfte Zitronenthymianblättchen
Abrieb von $1/2$ unbehandelten Zitrone
1 EL frisch gepresster Zitronensaft

Zubereitungszeit: 1 Stunde

1   Für den Palatschinkenteig die Kartoffeln in einen Topf geben, mit Wasser bedecken und salzen. Das Wasser zum Kochen bringen und die Kartoffeln darin weich kochen. Die Kartoffeln durch ein Sieb schütten, pellen und etwas abkühlen lassen, dann fein reiben.

2   Die geriebenen Kartoffeln mit den Eiern in eine Schüssel geben und glatt rühren, dann die Milch, den Vanillezucker und die fein geriebene Zitronenschale hinzufügen und verrühren. Zum Schluss das Mehl untermengen und alles zu einem glatten Pfannkuchenteig verrühren. Den Teig etwa 10 Minuten ruhen lassen.

3   Für die Füllung den Topfen mit dem Vanillezucker, der Crème fraîche und dem Puderzucker glatt rühren. Die Zitronenthymianblättchen, die fein geriebene Zitronenschale und den frisch gepressten Zitronensaft zugeben und die Mischung gut vermengen.

(Fortsetzung von Seite 268)

**Für die
glasierten Cranberrys**
50 g Butter

80 g Puderzucker

200 g frische Cranberrys

125 ml frisch
gepresster Orangensaft

Puderzucker
zum Bestäuben

etwas Butterschmalz
zum Ausbacken

4   Für die glasierten Cranberrys die Butter in einer Pfanne zerlassen, den Puderzucker hinzufügen und alles leicht aufschäumen lassen. Die Cranberrys in die Pfanne geben und alles gut durchschwenken, dann mit dem frisch gepressten Orangensaft ablöschen und alles bei geringer Hitze etwa 5–6 Minuten köcheln lassen, bis die Flüssigkeit vollständig verkocht ist und die Cranberrys schön glänzen.

5   Etwas Butterschmalz in einer beschichteten Pfanne erhitzen. In dem heißen Butterschmalz nacheinander 8 Palatschinken (Pfannkuchen) ausbacken.

6   Die fertigen Palatschinken mit je 2 EL Zitronenthymiantopfen bestreichen, dann einrollen und auf leicht vorgewärmte Teller legen. Die Palatschinken mit Puderzucker bestäuben und die glasierten Cranberrys darübergeben.

Süße Pommes frites

Zutaten für ca. 60 Stück

**Für den
Kartoffelmürbeteig**
120 g mehligkochende
Kartoffeln (z. B. Hermes
oder Bintje)
Salz
120 g kalte Butter
3 Eigelb
180 g Puderzucker
250 g Weizenmehl
(Type 405)
Abrieb von 1 unbehandelten Zitrone
etwas Weizenmehl
zum Ausarbeiten

Zubereitungszeit: ca. $1^1/_2$ Stunden

1 Die Kartoffeln in einen Topf geben, mit Wasser bedecken und salzen. Das Wasser zum Kochen bringen und die Kartoffeln darin weich kochen. Abgießen, pellen und etwas abkühlen lassen, dann fein reiben und auskühlen lassen.

2 Die kalte Butter durch die grobe Seite einer Reibe in eine Schüssel drücken.

3 Die Butter mit den geriebenen Kartoffeln, den Eigelb, 80 g Puderzucker, dem Mehl, der fein geriebenen Zitronenschale und 1 Prise Salz zu einem glatten Teig verkneten.

4 Den Teig zu einem »Ziegel« formen, in Klarsichtfolie einschlagen und 30 Minuten kalt stellen.

5 Den Teig aus dem Kühlschrank nehmen und weitere 30 Minuten ruhen lassen. Den Teig dann auf einer bemehlten Arbeitsfläche etwa $1/_2$ cm dick ausrollen.

6 Die Teigplatte in Stifte von 1 x 6 cm schneiden. Diese Stifte auf ein mit Backtrennpapier bedecktes Backblech legen und auf der mittleren Schiene im auf 180 °C vorgeheizten Backofen in etwa 12 Minuten hellbraun backen.

(Fortsetzung von Seite 271)

2 Vanilleschoten
1 Msp. gemahlener Zimt

7   Die Vanilleschoten der Länge nach aufschlitzen und das Mark herauskratzen. Das Vanillemark mit dem restlichen Puderzucker (100 g) sowie mit dem Zimt vermengen. (Hinweis: Am besten zerbröseln Sie die Vanille-Zimt-Mischung zwischen den Fingern.)

8   Die warmen »Pommes frites« in dem Vanille-Zimt-Zucker wälzen, dann vollständig abkühlen lassen.

Tipp: Die süßen Pommes frites halten sich bei kühler und trockener Lagerung bis zu 3 Wochen.

Variation: Bestreichen Sie jeweils 2 süße Pommes frites mit erwärmter Marillenmarmelade (Aprikosenmarmelade) und bestreuen Sie diese Seiten mit Zucker, dann fügen Sie die 2 Pommes frites zu einem »Keks« zusammen.

Süßer Kartoffelschmarrn mit Frischkäse und Mandarinenkompott

Zutaten für 4 Personen

Für das Mandarinenkompott
8 Mandarinen
2 Blatt weiße Gelatine
250 ml Orangensaft
100 ml Bitter Rosso (italienische Bitterlimonade aus Zitrusfrüchten und Kräutern)
80 g Kristallzucker
1 Sternanis

Für den Kartoffelschmarrn
150 g mehligkochende Kartoffeln (z. B. Hermes, Bintje oder Agria)
Salz
4 Eigelb
2 EL Frischkäse (Doppelrahmstufe)
3 EL Sahne
Abrieb von 1/4 unbehandelten Orange

Zubereitungszeit: ca. 50 Minuten

1 Für das Mandarinenkompott die Mandarinen vorsichtig schälen und möglichst vollständig von den weißen Schalenbestandteilen befreien. Die Mandarinen mit einem kleinen, spitzen Messer mehrmals einstechen.

2 Die Gelatine 5 Minuten in kaltem Wasser einweichen.

3 Den Orangensaft mit dem Bitter Rosso und dem Zucker in einen Topf geben und langsam erwärmen, dann den Sternanis hinzufügen. Die Mandarinen in den warmen Fond legen und bei geringer Hitze 10 Minuten ziehen lassen.

4 Den Topf vom Herd nehmen. Die ausgedrückte Gelatine in dem Mandarinenfond auflösen, einmal durchrühren. Das Mandarinenkompott vollständig abkühlen lassen.

5 Für den Schmarrn die Kartoffeln in einen Topf geben, mit Wasser bedecken und salzen. Das Wasser zum Kochen bringen und die Kartoffeln darin weich kochen. Die weichen Kartoffeln durch ein Sieb schütten, pellen und noch heiß durch die Kartoffelpresse drücken. Die Kartoffelmasse abkühlen lassen, dann in eine Schüssel geben.

6 Die Eigelb, den Frischkäse und die Sahne zu der Kartoffelmasse geben und mit der geriebenen Orangenschale gut vermengen.

(Fortsetzung von Seite 275)

4 Eiweiß

40 g Butterschmalz

60 g Rosinen

Puderzucker
zum Bestäuben

etwas Orangengelee
(Fertigprodukt)
zum Garnieren

7   Die Eiweiß mit dem Handrührgerät zu cremigem Schnee
     schlagen. Den Eischnee vorsichtig esslöffelweise unter den
     Kartoffelteig ziehen.

8   Das Butterschmalz in einer beschichteten und ofenfesten
     Pfanne erhitzen. Den Schmarrnteig hineingeben und mit den
     Rosinen bestreuen. Den Schmarrn etwa 2–3 Minuten an-
     backen, dann im auf 150 °C vorgeheizten Backofen in etwa
     30 Minuten fertig backen.

9   Den fertigen Schmarrn aus dem Ofen nehmen und mit einer
     Gabel in Stücke reißen, dann mit Puderzucker bestäuben
     und auf 4 vorgewärmten Tellern anrichten. Den Schmarrn mit
     dem in Würfel geschnittenen Orangengelee und dem Manda-
     rinenkompott anrichten.

Variation: Statt den gebackenen Schmarrn in Stücke zu teilen,
können Sie mit einem runden Ausstecher (ca. 3 cm Durchmesser)
Scheiben daraus stechen.

276

Kartoffel-Quark-Dalken
mit geeister Quitte

Zutaten für 4 Personen

Für die geeiste Quitte
2 Quitten (ca. 500 g)
1 Stange Zimt
Saft von 1 Zitrone
3 EL Kristallzucker
1 Blatt weiße Gelatine

**Für die Kartoffel-
Quark-Dalken**
1 EL Rosinen
20 ml brauner Rum

Zubereitungszeit: 1 Stunde, Kühlzeit: 3 Stunden

1   Für die geeiste Quitte die Quitten schälen, halbieren, die
    Kerngehäuse herausschneiden und die Quitten in feine Wür-
    fel schneiden.

2   Die Zimtstange, den frisch gepressten Zitronensaft und
    den Zucker mit 750 ml Wasser in einen Topf geben und auf-
    kochen. Die Quitten in dem Sud weich kochen, bis die Flüs-
    sigkeit fast vollständig verkocht ist.

3   Die Gelatine 2–5 Minuten in kaltem Wasser einweichen,
    dann gut ausdrücken und unter Rühren in der heißen Quit-
    tenmischung auflösen. Die Quittenmischung etwa 2 Stunden
    im Tiefkühlfach anfrieren, dabei immer wieder mit dem
    Schneebesen durchrühren. Es sollte kein Sorbet entstehen,
    sondern eine heterogene Eismasse.

4   Für die Kartoffel-Quark-Dalken die Rosinen in eine kleine
    Schüssel geben und den Rum darübergeben. (Schneller geht
    es, wenn man die mit dem Rum übergossenen Rosinen kurz
    in der Mikrowelle erwärmt.)

(Fortsetzung von Seite 277)

250 g mehligkochende
Kartoffeln (z. B. Hermes,
Agria oder Bintje)

Salz

120 g Topfen
(Quark, 20 % Fettgehalt)

4 Eigelb

50 g Puderzucker

1 EL Stärkemehl

50 g Weizenmehl
(Type 550)

Abrieb von $1/2$ unbehan-
delten Zitrone

2–3 EL Butterschmalz
zum Ausbacken

Puderzucker
zum Bestäuben

5   Die Kartoffeln in einen Topf geben, mit Wasser bedecken und salzen. Das Wasser zum Kochen bringen und die Kartoffeln darin weich kochen. Die Kartoffeln durch ein Sieb schütten, pellen und leicht abkühlen lassen, dann fein reiben.

6   Die geriebenen Kartoffeln mit dem Topfen und den Eigelb in eine Schüssel geben und glatt rühren. Dann den Puderzucker, das Stärkemehl, das Mehl und die fein geriebene Zitronenschale sowie die Rumrosinen hinzufügen und gut vermengen.

7   Das Butterschmalz in einer beschichteten Pfanne zerlassen. Mit einem Esslöffel kleine Portionen von dem Kartoffelteig abstechen und diese in die Pfanne geben. Die Dalken bei geringer Hitze von beiden Seiten hellbraun ausbacken.

8   Die ausgebackenen Dalken auf Küchenkrepp abtropfen lassen, dann auf 4 vorgewärmten Tellern anrichten und mit Puderzucker bestäuben.

9   Mit einem in heißes Wasser getauchten Esslöffel Nocken von der geeisten Quitte abstechen und dazu servieren.

Tipp: Das böhmische Hefegebäck kann auch in einer speziellen Dalkenpfanne mit vorgefertigten Vertiefungen ausgebacken werden.

278

Süßes

»Torte Gaby«

Zutaten für 12 Stück

Für den Tortenboden
100 g mehligkochende
Kartoffeln (z. B. Hermes
oder Bintje)
Salz
120 g weiche Butter
120 g Puderzucker
3 Eigelb
10 ml brauner Rum
100 g gemahlene Walnuss-
oder Haselnusskerne
1 Prise gemahlener Zimt
3 Eiweiß
1 Päckchen Vanillezucker
100 g Weizenmehl
(Type 405)
1 TL Backpulver
Butter und Semmelbrösel
für die Form

Zubereitungszeit: etwa 2 Stunden, Ruhezeit: ca. 4–6 Stunden

1 Für den Tortenboden die Kartoffeln in einen Topf geben,
mit Wasser bedecken und salzen. Das Wasser zum Kochen
bringen und die Kartoffeln darin weich kochen. Die weichen
Kartoffeln durch ein Sieb schütten, pellen und erkalten lassen, dann fein raffeln.

2 Die weiche Butter und den Puderzucker in eine Schüssel
geben und mit dem Handrührgerät zu einer dicken Creme
schlagen. Dann die Eigelb einzeln unterrühren.

3 Anschließend den Rum, die gemahlenen Nüsse, die geraffelten Kartoffeln und den Zimt hinzufügen und die Mischung zu
einem gebundenen Teig rühren.

4 Die Eiweiß zu cremigem Schnee schlagen, dann den Vanillezucker in den Eischnee rühren.

5 Den Eischnee und das mit dem Backpulver vermischte und
gesiebte Mehl abwechselnd portionsweise unter den Kartoffelteig ziehen. Den Teig in eine gefettete, mit Semmelbröseln ausgestreute Springform (Durchmesser 24 cm)
füllen. Den Teig auf der mittleren Schiene im auf 180 °C
vorgeheizten Backofen etwa 35 Minuten backen. Den fertig
gebackenen Tortenboden aus dem Ofen nehmen und vollständig erkalten lassen.

(Fortsetzung von Seite 279)

Für die Tortencreme
250 g Mascarino (öster-
reichisches Mascarpone-
produkt, Fettgehalt 43 %)
250 g Sahne
30 ml Weinbrand
2 EL Puderzucker

Für die Garnitur
5 EL Preiselbeerkompott
unterschiedlich große
Schokoladenkugeln

6   Für die Creme den gut gekühlten Mascarino mit der Sahne
    in eine Schüssel geben und mit dem Handrührgerät zu einer
    dicken Creme schlagen. Den Weinbrand gemeinsam mit dem
    Puderzucker verrühren und in die Mascarinocreme rühren.

7   Den ausgekühlten Tortenboden waagerecht halbieren. Einen
    Boden gleichmäßig mit der Hälfte des Preiselbeerkompotts
    bestreichen und den zweiten Boden daraufsetzen.

8   Das restliche Preiselbeerkompott gleichmäßig auf die
    Tortenoberfläche streichen, dann die Creme locker darüber-
    geben und mit den Schokoladenkugeln belegen. Die Torte
    4–6 Stunden kalt stellen.

9   Die erkaltete Torte etwa 15 Minuten vor dem Servieren aus
    dem Kühlschrank nehmen und in Stücke schneiden.

Kartoffelsorten und Kocharten

Festkochende Sorten

Bamberger Hörnchen

Diese deutsche Sorte ist schon weit über ein Jahrhundert alt (zugelassen 1870). Die Bamberger Hörnchen haben eine gelb-rosarote Schale und gelbes Fleisch. Die namensgebende hörnchenförmige Knolle zeigt sich robust, allerdings nicht sehr ertragreich im Anbau und reift spät. Der würzig-nussige Geschmack ist, nicht zuletzt durch die Rückbesinnung auf alte Sorten, ein Grund für die erneute Beliebtheit. Im Jahr 2008 ist sie als »Kartoffel des Jahres« ausgezeichnet worden. Ein Förderverein zum Erhalt dieser Sorte hat die geschützte geografische Angabe (g. g. A.) beantragt, mit der die Kartoffel nur in ihrer Ursprungsregion Franken angebaut werden dürfte.

Blaue Elise

Eine ungewöhnliche Erscheinung ist diese neu gezüchtete Kartoffelsorte (Deutschland, 2004): Die Schale ist dunkel und bläulich, die Knolle länglich-oval – und im Inneren ein sattes dunkles Lila. Die festkochende Blaue Elise hat einen kräftigen Kartoffelgeschmack und eignet sich hervorragend für Salate und Beilagen.

Ditta

Im Jahr 1991 wurde die Sorte Ditta in Deutschland zugelassen. Sie reift mittelfrüh, wird ab September geerntet und zeichnet sich durch eine hohe Resistenz gegen Schädlinge aus. Ditta-Kartoffeln haben oft eine länglich-ovale Knolle sowie eine gelbe Schalenfarbe. Das Fleisch der Ditta ist hellgelb, ihre Schale glatt.

Kipfler

Diese »speckige« (also festkochende) Sorte eignet sich bestens für einen klassischen Kartoffelsalat. Durch die schmale, längliche Form können diese Kartoffeln nicht maschinell geerntet werden, und auch das Schälen geht nicht ganz schnell von der Hand. Der Geschmack entlohnt jedoch die Mühen.

La Ratte

Diese alte französische Sorte (zugelassen im Jahr 1872) hat sowohl eine gelbe Schale als auch gelbes Fleisch. Die nierenförmigen Knollen haben einen nussigen Geschmack und zählen unter Gourmets zu den Favoriten.

Laura

Die rotschalige Laura wurde in Deutschland 1998 zugelassen. Ihre länglich-ovalen Knollen reifen mittelfrüh zu einer tiefgelben Fleischfarbe heran, die Knollenschale ist rau. Die Laura eignet sich sehr gut zur Herstellung von Pommes frites. Bei der Zubereitung als Pellkartoffeln färbt die rote Schale leicht auf das gelbe Fleisch ab.

Linda

Die Linda wird oft als »die Königin der deutschen Kartoffel« gehandelt; zugelassen wurde sie 1974. Sie hat eine gelbe, glatte Schale, tiefgelbes Fleisch und eine länglich-oval Knolle. Die »Kartoffel des Jahres 2007« überzeugt durch ihren vollen, cremigen Geschmack und ist gut lagerfähig.

Linzer Delikatess

Diese österreichische Sorte wurde 1975 zugelassen. Ihre länglichen Knollen reifen mittelfrüh. Die Linzer Delikatess zeigen eine gelbe Schalen- und Fleischfarbe und zeichnen sich durch einen feinen Geschmack aus. Als österreichischer Erfolgsexport wird sie heute europaweit angebaut.

Naglerner Kipfler

Im Jahr 1956 wurde diese österreichische Sorte zugelassen. Sie reift mittelfrüh, die Knollen bilden sich hörnchenförmig aus, und die Schalenfarbe ist hellgelb. Auch das Fleisch scheint gelb, und im Geschmack sind die Naglerner Kipfler schön cremig.

Rosa Tannenzapfen (Pink fir apple)

Die Schale dieser mittelfrüh reifenden, alten ebenso wie ertragreichen Sorte ist rosa, ihr Fleisch hellgelb. 1850 in England zugelassen, kann ihr Ursprungsland nicht eindeutig bestimmt werden. Die Rosa Tannenzapfen lassen sich durch die ovalen, oft stark verwachsenen Knollen nur mit größerem Aufwand zubereiten.

Roseval

Diese französische Sorte, 1950 zugelassen, hat einen cremig-butterigen Geschmack. Die länglich-ovale Knolle besteht aus einer roten Schale und gelbem Fleisch; sie reift mittelspät.

Rote Emma

Die rote Schale und das rote Fleisch geben gemeinsam mit einem würzigen Geschmack eine hervorragende Kartoffelsorte ab. Die Neuzüchtung (Deutschland, 2004) eignet sich sehr gut für die Zubereitung von Salaten.

Sieglinde

Im Jahr 1935 wurde diese Kartoffelsorte mit länglicher Knollenbildung zugelassen. Mit ihrer gelben Schalen- und Fleischfarbe und glatter Knollenoberfläche erscheint sie wie die »typische« Kartoffel. Diese Sorte ist die älteste noch zugelassene deutsche Sorte in der vom Bundessortenamt herausgegebenen Sortenliste, wurde 2010 zur »Kartoffel des Jahres« gekürt, und sie eignet sich sehr gut für den Anbau im heimischen Garten.

Trüffelkartoffel

Diese ursprünglich französische Kartoffelsorte von 1900 zeichnet sich durch ihre dunkelblau bis violett scheinende Fleischfarbe und ihre blaue Schalenfarbe aus. Die von Feinschmeckern für ihren erdigen, kastanienartigen Geschmack geschätzte Sorte wird aus diesem Grund auch »blaue Kartoffeln« oder »Vitelotte« genannt.

Vorwiegend festkochende Sorten

Barbara (Blaue Augen)

Die Sorte Barbara stammt aus Deutschland, zugelassen 1982. Die sehr glatte Knollenschale ist gelb-violett und die Knolle länglich-oval. Barbara zeigt eine gelbe Fleischfarbe. Die Sorte zeichnet sich durch hohe Resistenz gegen Kartoffelkeime und -viren aus.

Blue Salad Potato

Diese festkochende, schottische Sorte von 1956 zeichnet sich nicht nur durch blaue Blüten, sondern auch durch ihre blaue Schale und ihr blau marmoriertes Fleisch aus. Die rundlichen Knollen bieten einen angenehmen Kartoffelgeschmack und sind besonders geeignet als Salat-, Salz- oder Pellkartoffeln.

Cyclame

Diese extrem dunkelrotschalige Sorte wurde nach den blauen Blüten des Alpenveilchens benannt, denn auch die Cyclame erblüht in dieser Farbe; die Sorte stammt aus Ungarn. Diese Sorte reift mittelfrüh und zeigt ein cremefarbenes Fleisch.

Heidenreichsteiner Rote

Eine rote Schale und gelbes Fleisch vereinen sich in dieser alten Sorte aus dem österreichischen Waldviertel. Die Kartoffeln eignen sich hervorragend für Kartoffelpuffer oder Bratkartoffeln.

Highland Burgundy Red

Diese schottische Sorte, um 1920 erstmals in den Highlands angebaut, ist sowohl bei Kartoffelliebhabern als auch Sammlern begehrt, ist sie doch eine der seltenen rotfleischigen Kartoffelsorten. Die Schale ist weinrot und glatt bis schorfig. Das rot-marmorierte Fleisch behält auch nach dem Kochen seine Farbe. Diese Sorte ist in keiner Sortenliste eines EU-Landes eingetragen.

Marabel

Die Sorte Marabel ist eine frühe, vorwiegend festkochende Sorte mit ovalen Knollen und glatter Schale. Ihre rein gelbe Fleischfarbe verändert sich auch nicht nach dem Kochen. Auf Sandböden gedeiht Marabel überdurchschnittlich gut, und auch im ökologischen Anbau ist die Kartoffelsorte ertragreich.

Rotaugerl

Diese alte Sorte macht ihrem Namen alle Ehre: Die »Augen« der Schale haben einen rötlichen Schimmer. Die Rotaugerl sind schon fast leicht mehligkochend, aber dennoch fest in der Konsistenz.

Tosca

Die Sorte Tosca wurde 1960 erstmals zugelassen, die Neuzüchtung im Jahr 2008. Diese reift mittelfrüh zu einer rundlich-ovalen Knolle heran, die eine gelbe Schalen- und Fleischfarbe hat.

Mehligkochende Sorten

Agria

Die Sorte Agria kommt aus Deutschland und erhielt die offizielle Zulassung im Jahr 1985. Die länglich-ovale Knolle reift mittelfrüh mit einer kräftigen Fleischfarbe heran, die Schale bleibt dunkelbraun. Agria sind für mehligkochende Kartoffeln relativ fest und sehr ertragreich. In ihren Koch- und Geschmackseigenschaften ähnelt die Agria der Bintje. Die großen Knollen können für fast jede Zubereitung eingesetzt werden: sowohl im Familienhaushalt als auch in der industriellen Produktion (sie ist etwa gut geeignet für die Herstellung von Pommes frites).

Bintje

Mit ihrer rund-ovalen Knolle, einer hellbeigen Farbe, dünner Schale und ihrem hellgelben Fleisch ist die Bintje die wohl bekannteste und am meisten gekaufte Kartoffel. Die Sorte stammt aus den Niederlanden, um 1910. Sie reift mittelfrüh und eignet sich hervorragend für die Herstellung vielerlei Kartoffelgerichte. Ein Grund für ihre Verbreitung mag der hohe Ertrag und ihr gleichmäßiger Knollenwuchs sein. Sie ist allerdings relativ keimanfällig und nur beschränkt lagerfähig.

Hermes

Im Jahr 1973 wurde diese österreichische Sorte zugelassen. Auch sie reift mittelfrüh. Die Sorte mit rund-ovaler Knollenform und gelber Schalenfarbe ist eine verbreitete Speisekartoffel. Ihr Fleisch ist hellgelb, die Schale rau.

Melody

Die Melody-Kartoffel zeigt sich in ovaler Knollenform mit glatter, gelber Schale. Sie lässt sich gut einlagern.

Waldviertler Scheckerl

Diese alte Kartoffelsorte stammt aus dem österreichischen Waldviertel. Die rötlich scheinenden »Scheckerl« bilden sich schattenartig um die Augen der Knollen. Waldviertler Scheckerl schmecken cremig und leicht lieblich.

Register

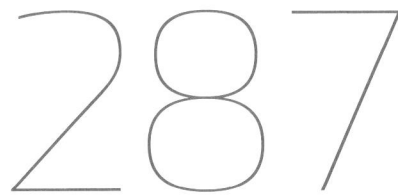

Dank & Impressum

Dank der Fotografin

Herzlichen Dank an Herrn Herbert Frantes für den Kontakt zu den Bauern der Erpfiregion Lainsitztal im Waldviertel, die uns mit einer wunderbaren Erdäpfelvielfalt beliefert haben. www.erpfi.at

Herzlichen Dank auch an unsere unermüdliche Gärtnerin Eveline Bach für die liebevolle Aufzucht der Erdäpfelpflanzen und das Sammeln der Herz-Erdäpfeln. www.gaertnerei-bach.at

Firma Lobmeyr für die Ausstattung mit Porzellan von J. L. Coquet und Gläsern der Firma Lobmeyr. www.lobmeyr.at

Firma Vitra für den Hocker Herzog et de Meuron, den Metal Side Table medium und den Stuhl Panton Junior. www.vitra.com

Firma Riess für die tollen Aroma-Pots und Vorratsdosen. www.riess.at

Scandinavian Design House für die Obstschale Moon von Normann Copenhagen. www.scandinavian-design-house.at

Das Möbel für die beiden Stühle, Design Arge2/Hussl. www.dasmoebel.at

Hinweise für den Leser

Sofern nicht anders angegeben, handelt es sich bei den Angaben für die Einstellung des Backofens um Unter-/Oberhitze.
Bei den Abbildungen auf den Seiten 37, 41, 73, 115, 122, 134, 140, 249, 263 und 282 handelt es sich um Schmuckabbildungen.

Impressum

www.collection-rolf-heyne.de

Copyright © 2011 Collection Rolf Heyne GmbH & Co. KG, München

1. Auflage 2011

Alle Rechte, insbesondere das Recht der Vervielfältigung, vorbehalten. Kein Teil des Werks darf in irgendeiner Form (durch Fotokopie, Mikrofilm oder ein anderes Verfahren) ohne schriftliche Genehmigung des Verlags reproduziert oder unter Verwendung elektronischer Systeme vervielfältigt oder verbreitet werden.

Die im Buch veröffentlichten Texte und Rezepte wurden mit größter Sorgfalt von Verfassern und Verlag erarbeitet und geprüft. Eine Garantie kann jedoch nicht übernommen werden. Ebenso ist eine Haftung der Verfasser/innen und/oder des Verlags und seiner Beauftragten für Personen-, Sach- oder Vermögensschäden ausgeschlossen.

Fotografie: Luzia Ellert

Foodstyling und Rezepte: Gabriele Halper

Text: Elisabeth Ruckser

Redaktion der Rezepte: Regina Roßkopf, München

Lithografie: Lorenz & Zeller, Inning am Ammersee

Druck und Bindung: Printer Trento, Trento

Printed in Italy

ISBN 978-3-89910-492-9